시로 풀어쓴
도덕경

시로
풀어쓴

도덕경

노자 지음 • 전재동 편역

북허브

노자(老子)에 대하여

사람들이 흔히 일반화 된 인명으로 알고 있는 노자는 사실 개인의 이름이 아니라 '연로하신 선생님'을 의미하는 대명사일 뿐이다. 노자로 널리 알려진 이의 본명은 이이(李耳), 시호는 담(聃)이다.

그런데 이이의 생몰연대는 확실히 아는 이가 없다. 노자에 대하여 성실하게 기록된 유일한 자료는 사마천의 사기(史記)인데, 열전 앞부분에 언급되어 있는 것이 거의 전부다. 그나마도 약 400여 년 뒤의 인물인 사마천이 B.C. 100년경에 확실한 근거도 없이 '그렇다더라'는 식으로 무책임하게 남긴 기록에 불과하다. 그럼에도 불구하고 이 기록이 노자에 대한 유일한 자료이니 이를 통해 노자의 생애를 더듬어 본다.

노자는 초나라 고현(苦縣)의 여향 곡인리 사람이라 기록되어 있다. 그는 주나라 왕조 때 사서(史書)직에 임명(B.C. 1122~1121)되었다고 한다.

그때의 사서란 중국에서는 점성술이나 예언 등을 취급하는 자리였다.

또 사마천은 노자와 공자의 대화내용을 기록했는데, 노자가 공자의 교만과 야심을 꾸짖고 이에 공자가 큰 감명을 받았다는 내용이다. 그러나 노자를 찬양한 일변도의 기록으로 치부되어 대부분의 학자들은 이 내용을 신뢰하지 않고 있다. 심지어 진나라 헌공(獻公)과의 회견에서는 노자가 150~200년을 살았다고 주장했는데, 그렇지 않아도 사마천의 사기에 거짓 역사가 많이 기록되었다는 의심을 받던 터라 이런 이야기 또한 대부분 믿을 수 없는 이야기로 생각되고 있다.

노자의 서유기도 가관이다. 주나라 왕조가 쇠퇴하자 노자는 주나라를 떠나서 함옥관의 진나라로 갔다는 것이다. 여기서 관령인 윤희가 책을 써달라 하니 5천자문을 써주었는데 그것이 도덕경이라 했다. 그리고 그곳을 떠난 뒤로 노자의 소식은 아무도 아는 이가 없다고 사마천은 기록했다.

사마천의 기록이 아니더라도 노자에 대해서는 잘못 알려진 바가 많은데, 특히 노자를 은둔거사이자 속세의 수명 따위 우습게 여긴 신령한 인물로 아는 이가 많다. 후한시대에 나온 도교 해설에서 보면 노자의 어머니는 노자를 72년간이나 모태에 품고 있다가 옆구리로 낳았다는 전설이 있다. 아이가 오얏나무 밑에서 태어났으므로 성씨가 이씨가 되었다는 도교 설화도 있다. 이런 비현실적인 이야기가 가능한 것은 그가 도교의 창시자이기 때문이다.

도교는 유교와 쌍벽을 이루면서 중국에서 수천 년 동안 사람들의 뇌리에 깊이 박혀온 신앙적 사상의 한 흐름이었다. 마오쩌뚱의 공산화 이전까지 중국인의 정신문화에 깊이 뿌리 내리고 있던 정신 사상이자,

민속적이고 무속에 가까운 신령 세계를 설파해 온 중국 특유의 종교 사상이 도교였다. 지금도 중국이나 타이완에 가면 성대한 도교 사찰을 볼 수 있다. 유교는 학문적이고 사회적이고 정치적인 데 비하여 도교는 신비스러우며 토속적이고 주술적인 엑스타시의 정서를 소중히 여기는 일종의 종교였다.

원시적 이상주의를 꿈꾸며 신령한 삶을 소망했던 사람들에게 노자는 신비스런 인물이었으며, 도교의 창시자로 추앙받아 온 신령한 인물이었다. 그래서 노자는 민중의 숭배의 대상이었고 천자까지도 신령한 분으로 믿었던 도교 신앙의 핵심적인 인물이었다. 당나라의 이씨 황실에서는 노자를 조상님으로 모셨을 정도로 노자는 모든 계층을 아우르며 존경받고 성인의 반열에서 신선으로 대접받아 왔다. 그럼에도 불구하고 노자에 대한 유일하게 한 가지 확실한 사실은 그가 도덕경을 지은 학자라는 것 뿐이다. 도덕경은 그냥 노자라는 책으로도 알려져 있는 중국 고전의 도교 경전이다.

도덕경(道德經)

도덕경은 노자, 노자의 도덕경, 5천문 등으로도 불리는데, 별칭으로 상편은 도경(道経), 하편을 덕경(德経)이라 한다. 본문은 모두 81장으로 이루어져 있으며 편의상 상·하로 구분한다. 상 37장, 하 44장으로 구성되어 있다.

도덕경이 시작된 뒤로 오늘의 도덕경이 되기까지는 적어도 몇백 년이 걸렸다는 연구결과가 있다. 그 증거로 판본을 들 수 있는데, 발견되는 판본마다 조금씩 내용에 차이가 있기 때문이다. 판본에는 한나라 문제 때 하상공(河上公)이 주석한 것으로 보는 하상공본과 위나라 왕필(王弼)이 주석한 왕필본을 필두로 하여 돈황에서 발견된 당나라 사본과 육조인자본, 후난성 장사에서 근년에 발굴된 백서본(帛書本) 등이 있다. 그 외에도 중국 여러 곳에 아직 도덕경 비(碑)가 남아 있는데 이것은 노자의 경문을 연구하는 데 좋은 자료가 된다.

그런데 많은 학자들은 도덕경을 노자 한 사람의 저술로 보지 않는다. 그것은 언급된 내용이 다양하고 여러 시대를 배경으로 하고 있기 때문이다. 그만큼 도덕경은 광범위한 인간의 가치관과 관점을 기록하고 있는 점이 특색이다. 이 때문에 도덕경이 도가학파의 여러 학자들의 손을 거치며 내용이 보완되었다는 견해와, 반대로 노자 한 사람의 저작이라는 전통적인 견해가 지금도 대립하여 논쟁이 끊이지 않고 있다.

도덕경을 노자 한 사람의 저술로 보는 것은 노자를 공자와 동시대에 실존했던 인물이자 도교를 창시한 위대한 도학자로 보는 관점이다. 반대로 이를 부정하는 견해는 노자를 실존하는 역사적 인물이 아닌 신령한 신선의 존재로 보는 관점이다. 실상은 알 수 없지만 도덕경의 내용이 처음부터 끝까지 논리정연하게 전개되고 있음을 볼 때 한 사람이나 한 학파에 의해서 저술·전승되어 온 것으로 보는 견해가 지배적이다.

도덕경은 무위자연의 사상을 담고 있다. '도는 늘 무위이지만 하지 못할 일이 없다.' 이런 내용이 도덕경 곳곳에 뿌리내려 있다. 자연을 귀하게 여기고 자연과 하늘 그리고 도를 같은 맥락에서 전개한다. 노자는 언어에 대하여 심오한 사상을 가지고 있었으며, 언어를 초월하는 사상을 무위로 설명하였다.

지역적인 특성을 보면 황하 유역은 유교의 학문적·도덕적 윤리를 경모하는 정치 사회적 실용학문이 발달했다. 그러나 남쪽 양쯔강 유역은 땅이 넓고 옥토가 넓어 사람이 여유만만한 자세로 삶을 영위하면서 인간 내면에 집중하여 환상적이고 토속적인 의식이 발달했는데, 그것이 바로 도교의 영역이다. 다시 말해, 남방은 날씨가 덥고 먹거리가 넉넉하여 사람들이 신비성을 즐기게 되는 반면, 북방지역은 생존의 조건이 열악해서 현실적이고 투쟁적인 현실을 맞이해야 했다. 이것이 북방의 유교와 남방의 도교가 발달된 연유가 된 것이다. 도덕경의 사상이 무위자연 등 비투쟁적이고 낭만적인 분위기가 주조를 이루었던 데는 사회배경도 한몫했던 것이다. 이런 이유들로 도교에서는 민간 신앙이나 민속적 전통이 중요시 되었다. 선경 이야기도 남방 정신문화에 더 발달되어 있다.

도덕경은 언어의 부정과 규정성의 파기가 심하다. 초월적이고 신비한 내용이 다양하게 나타나 있다. 도덕경 중 행불언지교(行不言之敎) (제2장)와 언선신(言善信) (제8장)에 언어행위에 대한 해설이 나와 있다. 이 외에 17장, 24장, 27장, 56장, 66장, 68장, 72장, 80장에도 언어행위에 대한 해설이 있다. 그 내용을 살펴보면 언어 행위에 대한 부정적 견해가 확실하게 드러나 있다.

유네스코에 보고된 바에 따르면 도덕경은 전 세계에서 성경 다음으로 많이 번역되고 많이 읽혀지는 책이라고 한다. 특히 동양인들에게 있어서 도덕경의 영향력은 그 어느 책보다도 지대하다. 중국에서도 도덕경 관련 출판물이 1,800여 종이나 출간되어 있고, 일본에서도 250여 종에 달하는 출판물이 있다는 사실도 놀라운 일이다.

그런 만큼 오역·오독이 심한 것도 여러 책들 가운데서 최고라고 한다. 그 증거로 현재 서점가에 나와 있는 10여 가지 도덕경의 해석이 책마다 제각기 다른 것을 들 수 있다. 이처럼 같은 문장을 놓고도 다양한 해석이 가능한 것이 도덕경의 특징이라 할 수 있다. 불과 5천여 자에 불과한 이 책이 이 같은 엉터리 권위까지 생긴 것은 웃기는 일이 아닐 수가 없다.

중국 속담까지 된 말인 '까치발을 하는 사람은 결코 똑바로 설 수 없다'느니 '천 리 길도 한 걸음부터다' 하는 격언까지도 노자가 직접 하신 말씀이라느니 도덕경에 나오는 말이라느니 하는데 이것은 천만의 말씀이요, 도덕경에는 전혀 나오지 않는 말이다. 이만큼 도덕경에 대한 허상이 많고 노자에 대한 허무맹랑한 신의가 떠돌고 있는 것이다.

도덕경의 필사본들 역시 그 본문까지도 서로 다른 글자가 수두룩하다. 그래서 도덕경의 판본 내용도 서로 다를 수가 있고 그에 대한 해석 역시 달라질 수밖에 없다.

도덕경의 필사본 중에서는 왕필본, 하상공본, 부혁본(傅奕本), 엄준본이 천 년이 넘도록 널리 읽혀져 소위 4대 판본으로 알려져 있었다. 그런데 1973년 백서본, 1993년 초간본(初簡本), 2000년 한간본(漢簡本) 등 전국시대에서 한나라 때까지 만들어진 필사본들이 차례로 발굴·출토되면서 좀 더 다양한 판본들을 확인할 수 있게 되었다.

이제 사본들을 찾아보자.

백서본 帛書本 : 1973년 후난성 창사 시 인조 마왕퇴(馬王堆)의 3호 고분에서 출토된 것이다. 고분의 주인공은 장사국 승상 이창(利倉)의 아들이고 문제 12년(B.C. 168)에 조성되었다고 한다. 여기서 비단에 쓴 필사본 두 벌이 나왔다. 갑, 을본이다. 1700여 년 만에 발굴된 것이어서 다른 사본보다 좋은 판본이며 고고학적 가치가 있다.

초간본 楚簡本 : 1993년 호북성 형문시(荊門市), 곽점에 있는 전국시대 초나라 고분(1호분)에서 출토된 죽간본이다. 곽점본이라고도 한다. 이

고분 조성은 전국시대 후기인 기원전 300년경으로, 도굴된 흔적도 보인다. 여기서 발견된 도덕경은 서로 다른 갑, 을, 병 세 벌인데 조금 훼손되고 흐트러진 상태의 죽간본이었다. 총 2,046자로 이루어졌으며 왕필본의 5분의 2 분량에 불과하여 일종의 발췌본일 가능성이 있다.

한간본 漢簡本 : 이것은 북경 대학이 2009년에 외국에 사는 화교로부터 기증받은 것으로 전한대 죽간본이며, 죽간본과 99% 온전하게 일치한다. 내용은 여섯 부분으로 죽서전적이다. 4년간에 걸쳐 5,300여 자를 복원하는 데 성공했다. 백서본과 같이 상권은 덕경, 하권은 도경이다. 재미있는 제목으로 노자상경, 노자하경이라 부르기도 한다. 이 책은 초기 필사본과 후기의 판본에 빠져있는 고리를 확인할 수 있어 역사적 가치가 높다.

엄준본 嚴遵本 : 전한 대 사람인 엄준이 쓴 노자지귀(老子指歸)를 말한다. 엄준은 자가 군평(君平), 촉군(蜀郡)사람이다. 한나라 성제 재위기간인 B.C. 32~7년에 실존했던 덕경 부분을 필사한 것으로 본다. 그 중 35 장만 남았다. 명나라 장서가 호진형(1569~1645)이 소장했던 덕경 부분이다.

왕필본 王弼本 : 삼국시대 위나라 현학자 왕필(226~249)이 도덕경에 주석을 붙여서 노자주(老子注)라고도 한다. 모두 81장이며, 상도경, 하덕경으로 이루어진 목판본 인쇄본이다. 친절하게 소제목이 붙어 있었으나 지금은 없다. 이것이 통합본으로 1700여 년 동안 권위를 가지고 있었다.

하상공본 河上公本 : 81장으로 된 내용으로 1~37장은 도경, 38~81장은 덕경이다. 이 책의 어투나 체제는 왕필본과 상당히 유사하다.

부혁본과 경룡비본도 있다. 모두 소중한 자료가 된다.

옛날이나 지금이나 도덕경은 시대를 초월하여 수천 년간 세계적으로 널리 읽혀진 고전이다. 뉴욕 타임스도 동서고금을 대표하는 10대 작가 중 가장 으뜸가는 작가로 노자를 소개한 바 있다. 독일 역시 라이프니츠, 헤겔, 야스퍼스, 하이데거 등 유수의 철학자들이 노자를 높이 평가했다. 노자에 대한 80여 종의 역서가 나왔으며, 노자 관련 연구서는 700여 종에 달했다. 도덕경은 보기에는 작은 옹달샘 같았으나 마르지 않는 샘으로 신선한 물을 내놓은 것과 같다 하겠다.

또 하나의 놀라운 이야기는 미국에서 확인되었다. 저명한 물리학자 카프라가 도덕경을 읽고 영감을 받아서 동서 철학을 결합시키는 '신과학운동'을 이끌어 낸 것이다. 카프라는 어려서 한학을 배우고 문학을 전공하여 평생을 책과 씨름하여 살아온 사람인데도 도덕경은 간단하게 평가하지 못하였다.

이처럼 읽을수록 단물이 나고 생각할수록 구절에서 더 깊은 깨달음을 주는 책이 도덕경이다. 지난 60여 년간 매일 한 권씩 독서를 해오던 사람도, 30여 년 전에 요한복음을 만독하고 금강경과 도덕경을 수십 번씩이나 읽은 사람도 다시 읽고 있는 책이 바로 도덕경이다. 도덕경은 현실도피의 책이 아니라 현실에서 가장 심오한 책이었다. 어느 시 문장에서도 느끼지 못한 정서와 깊은 명상을 도덕경에서 찾을 수 있었다. 필자와 함께 독자 여러분도 도덕경을 읽으시면 다른 책에서 찾지 못한 내용을 얻게 될 것으로 믿는다.

중국의 춘추시대(B.C. 771~476)라 불리던 300년간은 그야말로 약육강식의 혼란기였다. 사학자들의 연구에 따르면 이 시기에 36명의 군주들이 신하의 손에 살육당하였고, 140여 개의 제후국들은 10여 개만 남고 거의 다 풍전등화같이 사라져 버렸다고 한다. 말하자면 극도의 혼전과 무질서로 얼룩진 비극적인 시기였던 셈이다. 이때는 무거운 세금과 전쟁의 폭력 앞에 시달릴 대로 시달리던 백성들에게 비극의 나날이었다.

이런 사회 속에서 별보다 빛나는 인물 몇이 나타났는데, 그들이 바로 공자와 노자 등 일련의 위대한 정신적 지도자들이었다. 노자는 그들 중에서도 정신적 혼란 속에서 가장 빛나는 지도자로 부각된 인물이다. 그것은 도교라는 뚜렷한 방향을 제시하는 삶의 가치를 보여주었기 때문이었다. 그 도교의 뿌리가 되는 것이 바로 도덕경이었다.

그 도덕경의 저자로 알려진 걸출한 정신적 지도자가 노자였다. 그럼에도 불구하고 노자가 신비적인 인물이요 신선으로 활동했던 가상의 인물이라는 말까지 생겼다. 그러나 노자가 역사적 인물이요 몸을 가진 인간임은 틀림 없는 사실이었다.

일반적으로 도덕경은 왕필이 주석을 단 왕필본과 초간본과 한간본 등 대체로 초기의 도덕경이 출토되어 우리 손에 들어오면서 널리 알려지기 시작했고, 이때부터 도덕경의 원문 연구가 많아졌다. 요즘 와서는 도덕경의 원문이 조금씩 다른 책들이 발견되기 시작하여 원문의 근본학 연구가 상당히 많이 진전된 상태다. 최근까지 출토된 죽간(竹簡)과 백서(帛書)들, 그리고 갑골문이나 금문(金文) 또는 전서(篆書)와 예서 등의 서체 같은 문헌 연구에도 활용하고 있다.

도덕경 연구는 글자 하나하나를 연구하고 철저히 고대 한문 문법에 맞추어 원전에 근거하여 구절을 번역하는 고전적인 방법을 거부하고,

왕필 이전의 춘추전국시대 및 한 대의 문헌들과 직접 대조하고 분석하는 연구로 노자가 집필할 당시의 도덕경 본래의 의미에 가깝게 풀어 나갔다.

초간본의 경우 출토과정이 확실치 않고 백서본과 함께 전한 대의 것이 분명한데도 그 체제나 자구는 왕필본과 가깝다. 백서본의 경우는 비단 자락이 삭아 내리고 판독이 어려운 곳이 몇 군데 있다는 점이 아쉽다. 그럼에도 백서본은 도덕경 원문을 담고 있어서 판본 중에서는 가장 사족을 적게 쓴 것으로 인정받아 많은 이들이 도덕경 연구의 텍스트로 백서본을 활용하고 있는 것이 사실이다. 또 도덕경 연구에 도움이 되는 역사, 문화, 언어 등의 철저한 고증으로 가능하면 오역, 오독을 줄이려고 학자들은 애쓴다. 용어 해설을 위해서 연관되는 철학, 천문학, 물리학, 군사학, 음악, 미술에 이르기까지 언급되는 부분도 철저히 연구하고 있다. 그러나 각 사본들이 아예 처음부터 원문이 다른 경우가 있어 어려움이 많은 것도 사실이다.

사실 오늘날의 도덕경 81장 구성은 당나라 현종(682~762)의 지시로 집필 당시에는 없던 것이 오늘날의 도덕경 81장으로 편성되었다는 학자들의 연구 결과도 있다. 도덕경 이해에 필요한 것 중의 하나는 노자가 생존했던 춘추시대의 인문학적 환경에 대한 관심이다. 당시의 혼란했던 정치논리나 계급투쟁, 유물사관의 영향을 생각하며 내용을 이해해야 한다는 것이다. 1960~70년대의 사회적 영향도 오늘의 도덕경 형성에 영향을 주었다고 보는 견해도 있다. 즉 제3장, 36장, 65장 등을 노자의 우민정책으로 보는 것이다. 67장의 쇄국정책도 문제 삼고 그 시대적 배경을 연구해야 한다고 한다.

도덕경에 나오는 용어 가운데서 무위(無爲), 자연(自然), 그리고 수유 (守柔), 청정(淸靜) 등이 도덕경의 이미지나 성격을 이해하는 방법이 될 수도 있다. 옛날에는 도덕경을 암송하고 소리내어 노래하듯이 읽는 이들도 많았다고 한다. 그만큼 내용에 깊이 잠기는 정서가 컸던 것이다. 그러므로 누구든지 도덕경을 읽을 때 어떤 고정관념이나 선입관을 먼저 버리고 마음을 비운 상태로 읽어야 하는 것이 상식이다. 아주 자유로운 생각으로 부담을 갖지 말고 읽어야 한다.

그래서 때로는 도덕경을 너무 심각하게 보지 말고 글자 하나에 해석이 아주 달라진다는 점을 숙고해서 일반적인 견해로 풀고자 하는 노력이 합리적일 때가 있다. 따라서 불과 5천여 자에 불과한 도덕경을 우선 큰 부담 없이 즐겨 읽기 시작하면 그 심오한 세계에 접근하게 되고 끝내는 노자 선생을 만날 수 있을 것으로 생각한다.

끝으로 도덕경은 한두 번 읽고 버릴 책이 아니므로 두고두고 그 진의를 명상하고 심오한 내면을 연구하면서 읽으면 성경 못지않은 깊은 진리를 깨닫게 된다. 필자는 '기독교 관점에서 재해석한 동양고전'을 모토로 하여 이 책을 집필하였으며, 이 책이 동서양의 문화가 하나로 만나는 교리요 교량이 되기를 바라는 마음이다. 이 책을 통해 독자 여러분의 혜안이 크게 열리시기를 바란다.

서시

노자 도덕경은 정말 알 수 없는 책이다
읽고 다시 읽어도 그 깊은 말씀의 세계를
도저히 알 수 없는 책이 바로 노자 도덕경이다
다만 사람들이 아는 체 할 뿐이다

서점에 나온 책이 열 가지에 가까우나
모두가 다른 해석을 하고 있어서
독자는 갈피를 잡지 못한다
그렇게 어렵고 그렇게 깊이가 있는 책이다

요한복음의 말씀(1:1)이 바로 도(道)인데
이것이다 하고 정하고 나면 이미 표현의 제한 때문에
영원한 진리인 도를 바로 말하지 못하고 만다
말씀을 한 마디로 표현 못하는 이유가 바로 여기 있다

도는 물과 같고 생명과 존재의
근원인 모든 것의 어머니라서
모든 것이 생기고 기르고 보존하는
가장 위대한 우주의 법칙이다

그런 도를 어떻게 표현하랴!
꽃을 그냥 두고 바라보는 마음으로
도를 말하는 것은 근본을 어지럽게 안 하려는
아주 소극적인 자아의 모습이다

그래도 도가 무엇인지 말해야 한다
말함으로써 도의 진실을 어디쯤에서 만나고
허무한 인간을 구원하는 생명을 얻어
도의 바른 모습을 찾는 것이다

도덕경

(道德經)

1-1

말씀은 진리다 라고 하면 되느냐?
그러면 늘 있는 도는 이미 아니다
이름도 그냥 말하고 나면 되느냐?
늘 부르던 이름이 이미 아니다

없음은 오히려 천지의 시작을 일러주니 무극이요
태초의 텅 빈 우주를 일컫는 이름이다
있음은 온 만물의 어머니가 되니 태극이요
하나님의 천지창조로 비롯되는 세계이다

말씀은 구세주요 진리는 도리(道理)이다
이름은 하나님이요 생명을 주시는 능력이다
없음은 태초요 있음은 창조이니
여기는 영원한 말씀과 이름이 있는 것이다

道可道非常道　名可名非常名　無　名天地之始　有　名萬物之母
도가도비상도　명가명비상명　무　명천지지시　유　명만물지모

- 道(도) : 요한복음1:1 '태초에 말씀이 있었다.'
- 名(명) : 요한복음20:31 '그 이름을 힘입어 생명을 얻게 하려 한다.'
- 無(무) : 금강반야바라밀경의 사상 참조

1-2

그러므로 늘 없음에서 말씀의 오묘함을
보고 싶어 하면서도 스스로는
늘 있음으로써 세상의 모든 현상을
바라보고 있는 것이 사실이다

무극의 없음이 태극의 있음과는
본래 한 가지인데 이름이 다를 뿐이다
그 이름을 바로 알고 믿으면
참 삶이 활짝 펴질 것이다

없음이 진실이냐? 있음이 진실이냐?
둘 다 한 가지로 같을 뿐인데
우리는 눈 감고 그러려니 한다
도(道)만이 영원토록 우리를 가르친다

故常無 欲以觀其妙   常有 欲以觀其徼
고상무 욕이관기묘   상유 욕이관기요

• 無(무) : 무극(無極)
• 其(기) : 그 현상을 보고 싶어 하는

1-3

없음과 있음, 이 둘은 하나에서 나온
다른 이름일 뿐이니 둘이 다 현묘하구나!
정말 현묘하고 오묘하구나
그러니 모든 오묘함이 바로 문이다

문은 더 깊은 원리로 가는 길이요
그 원리를 찾는 것이 바로 도(道)이다
그렇게 말씀은 오묘하여
영원한 진리가 되는 것이다

문은 길이요 진리요 생명이 되니
구세주의 이름으로 우리에게 오신
말씀의 근본이시요 영원한 이름이시다
없음이요 있음이요 같은 분의 이름이시다

此兩者 同出而異名 同謂之玄 玄之又玄 衆妙之門
차량자 동출이이명 동위지현 현지우현 중묘지문

- 此兩者(차량자) : 이 둘, 곧 없음과 있음.
- 玄(현) : 현묘하다, 오묘하다.
- 門(문) : 요한복음10:9 '내가 문이니 누구든지 나로 말미암아 들어가면 구원을 얻고
  또는 들어가며 나오며 꼴을 얻으리라.'

2-1

세상 사람들 모두가 아름답다 하면
다 그런 줄로만 알지만 실상은
다 아름다운 것이 아니다
이미 그것이다 해버리면 아닐 때가 있다

세상 사람들 모두가 착하다 하면
다 그런 줄로 알지만 실상은
다 착한 것이 아니다
이미 말해버리고 나면 그게 아닐 때가 있다

사람들이 아름답다 착하다 하는 것은
실상은 틀리는 경우가 있다
우리가 알고 있는 아름다움과 착함은
성격이어서 올바르지 못한 때가 있는 것이다

天下皆知美之爲美 斯惡已 皆知善之爲善 斯不善已
천하개지미지위미 사악이 개지선지위선 사불선이

- 天下皆知(천하개지) : 세상 모든 사람이 알고 있다.
- 爲美(위미) : 아름답다고 본다.
- 斯惡已(사악이) : 이미 악한 것이다.
- 爲善(위선) : 착하게 여기다.

2-2

그러므로 있음도 없음도 서로 낳아주고
어려움도 쉬움도 서로 돌보는 것이 되며
길고 짧은 것도 서로 맞추어 주고
높음도 낮음도 서로를 채워준다

악기 소리와 목소리도 서로 조화를 이루고
앞과 뒤가 서로 뒤따르니
이런 진리는 영원한 것이다
있고 없고를 판가름함이 마땅치 않다

사물을 보는 눈이 안으로 살펴
차별을 하지 않는 마음으로
서로 어우러져 살면 솜 좋으냐!
진리는 늘 열린 길이다

故有無相生 難易相成 長短相形 高下相傾 音聲相和 前後相隨 恒也
고유무상생　난이상성　장단상형　고하상영　음성상화　전후상수　항야

• 有無相生(유무상생) : 있음도 없음도 서로 낳아주다. 서로를 보충해 주다.
• 相形(상형) : 서로 모양새를 갖추다.

2-3

그러니 성인은 별일 아닌 것에 자리 잡고
말 같지 않은 가르침을 실천한다
만물이 생기도록 하면서도 자랑하지 않는다
만들어 자라나게 하면서 소유하지 않는다

성인은 천하가 깜짝 놀랄 일만 하지 않고
위대한 일만 골라서 하지 않으며
창조와 성장을 주신 분이 자기 고집을 않으시고
모두가 내 것이면서도 굳이 말하지 않으신다

우주 만물의 창조주께서 도를 주시며
어긋난 길 가지 못하게 하셨다
모두를 가지신 분은 늘 빈손이고
언제나 주인이신 분은 내 것으로 주장하지 않는다

是以 聖人處無爲之事 行不言之敎 萬物作焉而不辭 生而不有 爲而不恃
시이 성인처무위지사 행불언지교 만물작언이불사 생이불유 위이불시

• 是以(시이) : 이 일로 해서, 그러니
• 不言(불언) : 말 같지 않은 것

2-4

큰 공을 세우고도 거기서 발 뻗지 않고
그 안에 들어앉아 살지 않으시며
결코 사라지지 않는 공로를 떠나지 않는다
내가 한 일 덕이라고 교만하지 않는다

하늘 같은 분이 땅에 머무시면서
이 모든 것이 다 내 것이다 주장하지 않고
있는 것도 없는 듯이 사시고
없는 것도 있는 듯이 사신다

있고 없고를 뛰어 넘으시고
가진 것 못 가진 것에 구애받지 않으시니
도는 늘 스스로 만족하신다
도를 바로 알면 모든 것을 가진다

功成而弗居　夫唯弗居　是以弗去
공성이불거　부유불거　시이불거

· 弗(불) : 不(불)이다.
· 弗居(불거) : 떠나지 않는다.

3-1

현명한 이를 높여주지 않으면
백성은 경쟁할 줄 모르게 된다
얻기 힘든 재화를 귀하게 여기지 않으면
도둑질 하지 않도록 백성을 다스리기 쉽다

탐낼 것 없는 세상이 되면
백성의 마음이 흐트러지지 않을 것이다
사람을 다스리는 것은
곧 그 마음을 다스리는 것이다

경쟁의식이 없으면 발전이 없으나
싸움질은 사라지게 된다
경쟁을 잘 조절하면
나라를 잘 다스리게 될 것이다.

不尙賢　使民不爭　不貴難得之貨　使民不爲盜　不見可欲　使民心不亂
불상현　사민부쟁　불귀난득지화　사민불위도　불견가욕　사민심불란

- 不尙(불상) : 不上(불상)이다.
- 不貴(불귀) : 귀하게 여기지 않는다.
- 不見可欲(불견가욕) : 탐욕을 보이지 않게 하다.

3-2

그래서 성인의 다스림은
국민의 마음을 비우게 하면서
배부르게 해주는 것이다
배부르면 여유가 생기게 된다

감정은 물렁물렁하게 되고
그들 기질은 뼈대를 세워준다
다스리는 일은 물을 살피듯 하고
백성을 은근히 겁내면서 대해야 한다

백성을 얕보는 통치자는
결코 오래가지 못하고
업신여기는 그 속에서
칼이 나오고 힘이 나와 대적한다

是以 聖人之治 虛其心 實其腹 弱其志 强其骨
시이 성인지치 허기심 실기복 약기지 강기골

- 虛(허) : 비우는, 마음을 비우다.
- 實(실) : 채우다, 배부르게 하다.
- 志(지) : 여기서는 감정

3-3

언제나 백성들로 하여금 알 것도 없고
탐낼 것도 없도록 하고
헛똑똑이들 장난질 못하게 하면서
지나치게 바라지 않도록 해야 한다.

국민을 속여서도 안 되지만
터무니없는 기대를 가지게 해서는
더욱이 나라 다스림이 어렵게 된다
국민은 수걱수걱 자기 일을 하게 한다

진나라 여불위(B.C. 292~235)의 여씨 춘추에는
상업의 발달이 나라 경제를 든든히도 하지만
이윤 때문에 경쟁이 너무 심하게 될까
정치가는 생각해야 한다 했다

常使民 無知無欲　使夫智者 不敢爲也　爲無爲 則無不治
상사민 무지무욕　사부지자 불감위야　위무위 즉무불치

• 常(상) : 恒(항)이다. 언제나
• 無不治(무불치) : 다스리지 않는 것이 없다.

4-1

말씀은 그 속에 아무것도 갖고 있지 않다
그러나 말씀을 사용하면 무진장이다
그 효능 또한 무한하여
아무리 많이 써도 다함이 없는 것이다

그 깊고도 고요함이
넘치고도 가득하여
우주의 주재자께서 만족의 종으로 세워
무한으로 하셨다

말씀은 물과 같아서
한 틀에 잡혀 있지 않으시고
영원토록 무제한으로 있어서
어느 때 어느 곳에서도 거기 도가 있었다

道沖 而用之　或不盈　淵兮　似萬物之宗
도충 이용지　혹불영　연혜 사만물지종

• 用之(용지) : 아무리 써도
• 宗(종) : 근원

31

4-2

말씀은 세상의 날카로움을 무디게 하고
그 어지러움은 타래를 풀어주며
너무 눈부시는 것을 누그러뜨리고
더러운 티끌도 하나 되는 모습을 가진다

말씀은 남에게 해로운 날카로움을
순화시켜 부드럽게 하고
헝클어진 타래를 풀어서 새로 감으며
눈앞 캄캄할 정도의 빛을 순화시킨다

말씀이 몸이 되어 구세주가 되시고
말씀이 인간 구원의 길이 되게 하는
놀라운 축복을 가져오는 진리가
세상을 바로 잡는 도가 되신 것이다

挫其銳　解其粉　和其光　同其塵
좌기예　해기분　화기광　동기진

• 銳(예) : 날카롭다.
• 粉(분) : 어지럽다.
• 塵(진) : 불결하다.

4-3

깊고도 오묘하여라
영원히 존재하시는 듯
쉬 사라지지 않는 말씀이여
그 누구의 아드님이신가?

하나님의 아들이시니 말씀의 사람이여
인간 구원의 영원한 사랑이시여
영원히 변함없으신 진리이로다
이미 하나님 앞에 계셨도다

말씀은 영원한 도가 되어
인간의 생과 사를 주관하시고
도는 영원토록 변하지 않아
영생의 길을 열어주신 복이 되신다

湛兮 似或存 吾不知誰之子 象帝之先
담혜 사혹존 오부지수지자 상제지선

• 似(사) : 그럴듯하다.
• 誰之子(수지자) : 누구의 아들이신가?
• 帝(제) : 하나님

5-1

이 세상은 그렇게 어질지 못하여
세상 모든 것을 지푸라기로 뒤헝클어지고
구겨버린 개처럼 다루고 있구나!
이 허허로운 세상이 아니냐!

성인이 계시지만 다 인을 베풀지 못하니
세상 모든 것을 지푸라기로 만든
개처럼 다루고 있었구나
성인의 어진 사랑을 받아도 그렇구나

하늘과 땅이 어진 사랑으로 다스려
세상을 강아지 아끼듯 소중히 여기지만
세상 돌보는 이들을 사랑으로 이끌어
지켜 주시는 일을 하시는구나

天地不仁　以萬物爲芻狗　聖人不仁　以百姓爲芻狗
천지불인　이만물위추구　성인불인　이백성위추구

• 爲芻(위추) : 지푸라기같이 처리하다.
• 聖人(성인) : 세상을 달관하여 모든 것을 능히 다 아시고 다스리는 군자

5-2

하늘과 땅 사이는 엄청나게 큰 풀무가
놓인 것 같아서 속은 텅텅 비었는데도
도무지 찌그러지지 않고 버려진 듯하나
작은 움직임만 있어도 터질 듯하구나

성인은 드러내놓고 어진 티를 내지 않으니
세상을 보듬고 예의를 강조하여 지키며
허탄한 바깥에 마음 뺏기지 않으니
지속적인 자기 수양을 가지고 겸손하구나

세상만사를 큰 덕으로 다스리면
반드시 세상이 달라질 것으로 믿는
성인의 달관한 자세가
그 얼마나 높고 아름다운 일이던가?

天地之間　其猶橐籥乎　虛而不屈　動而愈出
천지지간　기유탁약호　허이불굴　동이유출

• 猶橐籥(유탁약) : 풀무와 같다. 성인의 자기수양으로 세상을 대하는 치세의 태도를
  비유한 말이다.

5-3

말이 많으면 곧 기력이 소진되어
궁해지니 어찌 하리오!
도를 고이 간직하여 고요히 지키는 것이
보다 낫지 않겠느냐!

만물에 대하여 초연한 자세를
가누기 바라는 선앙의 모습을 두고
세상은 어찌 할 바를 모르니
그냥 고이 간직한 도를 지킴이 좋지!

도란 본시 텅 비어 있는 것이니
하나하나 들추어 탐해야 무슨 소용이냐?
오히려 무한히 쓸모 있음을
믿고 도를 간직하는 것이 낫다

多言數窮　不如守中
다언삭궁　불여수중

- 多言(다언) : 말이 많으면, 많이 행하면
- 守中(수중) : 고요히 지키는 것, 고이 간직하는 것

36

6-1

깊은 골짜기에 암컷은
정말 신령스러운 샘이구나!
결코 마르는 법이 없으니 말이다
그래서 골짜기 신은 죽지 않는다

이것을 일러 유현한 암컷이라 하니
정말 신비스럽기 그지없구나
세상 이치가 다 이 골짝의 샘에
달려 있으니 그 오묘함이 지극하구나!

골짝의 샘은 어머니라
어머니가 있어서 만물이
생겨나고 가꾸어지니
그 신비로움이 말로 하기가 어렵구나!

谷神不死　是謂玄牝
곡신불사　시위현빈

• 谷神(곡신) : 골짜기의 산, 신비로운 암컷
• 玄牝(현빈) : 신비로운 암컷, 어머니

6-2

신비로운 암컷은 생명의 문이니
이것이 바로 하늘과 땅의 뿌리구나!
만물의 생명을 이어 나가는
존재의 근원이 되는 뿌리구나!

이 신비로운 암컷을 모르면
세상도 도(道)도 모르는 것이다
이 도는 사랑의 진실이 이어가는
살아 있음의 근원이 되는 것이다

현빈의 문이 천지의 문이다
모든 생명은 이 문으로부터 나온다
그 문이 도의 있음이니
천하가 다 여기서부터 나왔다

玄牝之門 是謂天地根
현빈지문 시위천지근

• 門(문) : 암컷, 곡신(谷神), 어머니의 기능

6-3

실타래 풀어 이어 나가듯
계속 이어지게 하는 것은
끝까지 남아있게 하는 것이다
남아야 존재하는 것이다

아무리 써도 마를 줄을 모르고
지칠 줄도 모르는 생명의 힘은
바로 생명의 신비로움인 것이다
그래서 천지 간의 뿌리가 된다

실을 뽑아내도 끊어지지 않음은
신비로운 그 암컷의 문 때문이니
도는 그와 같이 영원히 남아
존재의 근원이 되는 것이다

綿綿若存　用之不勤
면면약존　용지불근

• 綿綿(면면) : 絲絲(사사), 실낱, 실타래, 또는 영원히, 연이어지다
• 用之(용지) : 써도 써도, 아무리 써도

7-1

하늘이야 변할 게 없고
땅 또한 오래 가는 것이니
그토록 하늘과 땅이 깊이 남아
오래갈 수 있음은 바로 도와 같구나

저부터 살겠다고 기를 쓰지 않고
서민을 위해 안간힘을 다하는
도의 모습을 하기 때문이다
자신만 살겠다 하지 않기 때문이다

그러니 하늘과 땅은 영원하고
오래오래 살고 있는 것이다
말씀이 늘 생명을 주고
영생의 길을 가르치는 도이다

天長地久　天地所以能長且久者　以其不自生　故能長生
천장지구　천지소이능장차구자　이기부자생　고능장생

- 天長地久(천장지구) : 하늘은 영원하고 땅도 오래 가는 것이다.
- 所以(소이) : 그 까닭은
- 不自生(부자생) : 자신을 위해 살지 않는다.

7-2

이런 까닭으로 성인은 언제나
자신을 남들보다 뒤에 자리하여
남보다 앞서는 처지가 되었으니
도란 바로 이런 뜻이 있는 것이다

자신을 제쳐두어도 늘
남보다 앞서는 역설적인 자세가
바로 성인다운 태도요
도가 가르치는 모습이 아닌가!

너희가 으뜸이 되고자 하느냐?
그러면 남을 섬기는 자가 되고
살고자 하느냐? 그러면
죽는 자가 되는 것이 도의 가르침이다

是以聖人後其身而身先　外其身而身存
시이성인후기신이신선　외기신이신존

- 是以(시이) : 이런 까닭으로
- 後其身(후기신) : 그 몸을 뒤로 하면, 겸손하게 자신을 낮추면

7-3

사심이 없는 태도가
바로 자신을 능히
일어서게 하는 길이 된다
자신을 낮추는 자가 높아진다

도는 늘 겸허하여
자신을 비천한 데 두어
남을 섬기는 자세를 갖게 한다
말씀의 몸인 그리스도를 보라

그는 본시 하나님과 동등한 자리에
계셨으나 종의 몸으로 낮추어
남을 위해 죽기까지 순종했으니
그를 일으켜 영생의 첫 열매가 되게 했다

非以其無私邪　故能成其私
비이기무사야　고능성기사

- 非以其(비이기) : 그게 아니라
- 成其私(성기사) : 자신을 이루다.

8-1

최고의 선은 물과 같구나
물은 만물을 이롭게 하지만
잘난 체 안 하고 언제나
물은 섬기는 자세이구나!

남을 이롭게 했다고 거드름 피우질 않고
앞다투어 나서지를 않는다
모두가 싫어하는 낮은 자리로 가니
정말 도에 가깝지 않느냐!

자신을 도모하지 않고
희생하여 남을 섬기기만 하여
도의 참 모습으로 자신을 가누니
물보다 착한 것이 또 있더냐!

上善若水　水善利萬物而不爭　處衆人之所惡　故幾於道
상선약수　수선리만물이부쟁　처중인지소오　고기어도

• 不爭(부쟁) : 다투지 않는다.
• 所惡(소오) : 싫어하는 바
• 故幾(고기) : 그러므로 ~에 가깝다.

43

8-2

몸은 가장 좋은 자리로 낮은 데로 가고
마음은 가장 깊은 곳 그윽한 데로 가며
생각은 진정한 사랑에 묻어두고
믿음은 가장 성실한 데에 정한다

나라 다스림은 질서에 뜻을 두며
남을 섬길 때는 최고 능력을 다하고
자리를 움직일 때는 때를 잘 잡아서 한다
온 정성을 다하여 현장을 지킨다

말씀이 가르치는 도를 지켜
삶을 이어 가노라면 반드시
하나님이 축복하심이 있으리라
믿음은 늘 진실 위에 선다

居善地　心善淵　與善仁　言善信　政善治　事善能　動善時
거선지　심선연　여선인　언선신　정선치　사선능　동선시

• 善(선) : 본문은 7선에 해당하는 도의 현장을 일일이 열거하며 해설하고 있다. 여기서
　선은 최선을 다한다는 뜻이다.

8-3

칠선을 지키는 데 최선을 다하면
도가 실천되어 천하는 태평하고
성인은 어느 누구하고도 다투지 않으니
허물될 일이 생길 수가 없다

경쟁이 아닌 선을 지켜
일곱 가지를 시행해
언제 어디서 잘못을 범할
어느 틈새도 없이 살게 된다

그것이 도(道)이니 물과 같다 하여
부서지는 소리 하나 없이 부드럽게
물과 같이 만사가 형통하니
어디서 허물을 찾으리오!

夫唯不爭 故無尤
부유부쟁　고무우

• 夫唯不爭(부유부쟁) : 남과 다툴 일이 없으니, 성 프란체스코의 일화가 생각난다.
• 尤(우) : 더할 것 없이, 허물없이

9-1

누구든지 갖고 싶은 것을
다 채워 가지고 난 다음은
그쯤해서 그만두는 것이 좋다
자신을 스스로 잘 다스려야 한다

쇠를 두들겨 날카롭게 하고는
오래 간직할 수는 없는 것이다
자신을 절제하는 자가
도에 가까운 사람이 된다

잘 될 때 그만두는 것은 용기다
넘치도록 계속하는 것은 만용이다
자신을 다스리지 못하면
어느 누구도 천하를 다스리지 못한다

持而盈之 不如其已 揣而銳之 不可長保
지이영지   불여기이   췌이예지   불가장보

- 持而(지이) : 갖고 싶은 것
- 揣而(췌이) : 재량껏 해서, 알맞게
- 長保(장보) : 오래 보존하다.

46

집안을 금은보화로 가득 채워도
무슨 재주로 그것을 보존할 것이냐?
부귀로 생긴 오만함을
무엇으로 다스릴 수 있으리오

언제든지 스스로 불행의 씨를 남겨
심은 대로 다 거두고 화를 당하니
욕심이 불행의 근원이 됨을
도는 익히 일러 주었는데,

부귀가 주는 오만은 누가 다스리겠느냐?
그럴 줄 모르고 욕심 부리는 이는
천하장사도 다스리지 못한다
부귀가 사람 잡는 마귀를 불러들인다

金玉滿堂　莫之能守　富貴而驕　自遺其咎
금옥만당　막지능수　부귀이교　자유기구

• 金玉(금옥) : 금과 옥, 황금보화, 재물
• 莫之(막지) : ~할 수 없다.

9-3

공을 다 이루었으면 스스로
물러나는 것이 하늘의 도리이다
공을 세웠다고 그 영광까지
다 누리겠다는 것은 참 영웅이 아니다

그러나 역사의 공을 세운 이들은
하나같이 그 달콤한 열매인 권세까지
다 누리려다가 반역자로 쫓겨났다
사람이 제 한계를 알면 성인이 된다

도는 공을 세운 사람 마음도 비우고
역적으로 쫓기는 자도 않힌다
하늘은 전혀 다를 것이 없는데
사람이 꼭 자만하여 도를 버린다

功遂身退　天之道也
공수신퇴　천지도야

• 身退(신퇴) : 스스로 물러난다.
• 道也(도야) : 도리이다, 도의 진실이다.

10-1

얼을 지니고 도(道), 곧 절대자를 품에 안고서
떨어져 잃지 않는다면 얼마나 좋으랴!
생의 정기를 모아 부드러워진다면
갓난아이의 순수를 가진다면 얼마나 좋으랴!

정신을 모두어 현묘한 거울을 닦아서
티 하나 없이 될 수 있다면 그 얼마나 좋으랴!
거기에 사랑하는 믿음으로
하늘을 우러러 산다면 더할 나위 없다

얼이 흐려지지 않도록 하여
하나님을 모시고 살면서
참 도이신 말씀을 믿고
그 말씀대로 살 수 있다면 얼마나 좋으랴!

載營魄抱一　能無離乎　專氣致柔　能嬰兒乎　滌除玄覽　能無疵乎
재영백포일　능무리호　전기치유　능영아호　척제현람　능무자호

- 載營魄(재영백) : 얼을 지니고
- 抱一(포일) : 하나(절대자—하나님)를 안고, 품고서
- 無疵(무자) : 흠 없이

49

10-2

국민을 사랑하여 나라를 다스리는 데
도를 실천할 수 있다면 난 얼마나 좋으랴!
천문, 곧 하늘 열고 닫음을
겸허한 암컷같이 할 수가 있을까?

자연스레 주어진 일을 해내고
모든 일에 통달하여 거리낌 없이
잘 해낼 수 있다면 얼마나 좋을까?
사랑의 손길이 미치게 한다면

도를 따르는 마음의 순수는
말씀의 길을 따르고 자신을 버리며
만사에 통달하면서도 아무것도
모르는 사람처럼 할 수 있다면 얼마나 좋으랴!

愛民治國　能無爲乎　天門開闔　能爲雌乎　明白四達　能無知乎
애민치국　능무위호　천문개합　능위자호　명백사달　능무지호

• 能爲雌乎(능위자호) : 능히 암컷같이 한다면, 자연스럽게 스스로 행할 수 있다면
• 明白四達(명백사달) : 모든 일에 통달하면서

10-3

만물을 낳고 기르면서도
뿌리내려 살게 하고도 가지려 하지 않고
다스리는 자리에 있으면서도
전혀 간섭지 않는 덕이 어떠랴!

그런 신비로운 현덕을 지니고도
지배하려 들지 않는다면
곧 군자의 정치가 아니겠느냐!
도를 가진 자의 진실이 바로 이것이다

말씀이 몸이 되어서
우리 현실 속에 함께 계시고
우리를 위해 갖은 고난 다 당하시고
끝내 목숨까지 우리 위해 주신 도의 진실을 아느냐!

生之畜之　生而不有　爲而不恃　長而不宰　是謂玄德
생지축지　생이불유　위이불시　장이부재　시위현덕

• 生之畜之(생지축지) : 낳아 기르다.
• 不宰(부재) : 지배하지 않는다.

11-1

서른 대의 바퀴살은 하나의 바퀴통에
빙 둘러 끼워져 있구나!
바퀴통 구멍이 비어 있어서
수레를 사용할 수 있게 되었구나!

바퀴통이 비어 있지 않았다면
바퀴살을 끼울 수 없었고
그러면 수레를 굴릴 수가 없었다
비어 있음이 얼마나 소중하냐!

그러나 아무리 비어 있는 바퀴통이라도
거기에 끼울 바퀴살이 없었다면
어찌 그 수레를 쓸 수 있었겠느냐?
있음과 없음의 조화가 더 중요하지 않느냐?

三十輻 共一轂 當其無 有車之用
삼십폭 공일곡 당기무 유거지용

• 一轂(일곡) : 하나의 바퀴통
• 有車之用(유거지용) : 수레를 쓸 수 있게 하다.

11-2

찰흙을 구워 그릇을 만들 때도
그릇 속을 비워 만들어야 쓸모가 있다
흙을 이겨 그릇을 빚을 때는
그릇 안은 비워야 쓸모가 있다

그릇을 만들면서 속을 흙으로 채우면
그릇이 안 되고 흙덩이가 될 뿐이다
비우는 없음과 그릇 있음이 어울려서
쓸모 있는 그릇이 되지 않느냐!

그릇을 만들 때는 그릇 안을 쓰려고
비어 있도록 만들지 않더냐?
빈 그릇을 만늘어야 무엇이든지
담을 수 있도록 쓸모 있게 되지 않느냐!

埏埴以爲器　當其無　有器之用
연 식 이 위 기　당 기 무　유 기 지 용

• 埏埴(연식) : 찰흙을 이겨서
• 有器之用(유기지용) : 그릇을 쓸 수 있게 하다.

11-3

문과 창문을 드리고 방을 만들 때도
방 안이 비어 있도록 해야
방을 쓸 사람이 들어갈 수 있다
집 지을 때 방 안을 빈 방으로 짓는다

안 그러면 무엇 하려 집 짓고
문을 달고 창문을 드리고 하겠느냐?
빈 방을 쓰려고 그렇게 하지 않느냐?
비워두지 않으면 채워서 쓸 수가 없다

없음의 미학이 있음으로 유용하고
쓸모 있는 가치가 거기에 있다
빈 방이 아니면 사람들이
그 방을 쓸 수 없게 되기 때문이다

鑿戶牖以爲室　當其無　有室之用
착호유이위실　당기무　유실지용

• 爲室(위실) : 방을 만들다.

11-4

그러므로 그 각각의 빈 공간을
채우는 쓸모 있게 하려면
공간은 반드시 비워 두어야 한다
그래야 그 본연의 기능을 살릴 수 있다

비어 있는 것이 참으로 쓸모 있고
없음이 있어서 있음의 효용을 가진다
있는 것만으로는 안 되고
없는 것, 곧 비워두는 것이 쓸모 있다

무엇이든지 꽉 채우려는 것은 어리석다
쓸모 있게 해야 하는데
때로는 비워두고 때로는 채워둔다
그 조화가 바로 쓸모가 된다

故有之以爲利　無之以爲用
고유지이위리　무지이위용

- 有之(유지) : 유형적인 쓸모
- 無之(무지) : 무형적인 쓸모
- 爲用(위용) : 쓸모 있게 하다.

12-1

다섯 색깔은 사람 눈을 어지럽히고
다섯 가지 소리는 귀를 멀게 한다
다섯 가지 맛은 입맛을 망쳐 놓는다
사람 마음을 어지럽히는 것들이다

오색, 오음, 오미는 적절하면
사람에게 활력소가 된다
그러나 지나치면 사람을 혼미하게 하여
판단을 어지럽게 하고 만다

성인은 생존을 위한 최소한의 욕구를
충족시켜 주는 정도만 취한다
그래서 의식주 정도는 해결하지만
지나치게나 넘치게 구하지는 않는다

五色令人目盲　五音令人耳聾　五味令人口爽
오색령인목맹　오음령인이롱　오미령인구상

- 五色(오색) : 충천연색, 모든 색깔
- 五音(오음) : 다섯 가지 소리들, 시끄러운 소리
- 五味(오미) : 다섯 가지 맛, 온갖 맛 모두

12-2

말을 달려 사냥 나가면
마음을 들뜨게 하고 미치게 한다
얻기 힘든 재화 보배는
사람을 뒤흔들어 비뚤어지게 한다

사냥 나가면 짐승을 쫓아
정신없이 내달리고 기어이 잡으려 한다
재물이나 보화를 보면
눈이 뒤집어져 사람을 흔들고 만다

사람이 한 군데 집념하면
비정상이 되고 만다
사냥에 미치든지
재물에 미치든지 하면 사람이 변한다

馳騁畋獵 令人心發狂　難得之貨 令人行妨
치빙전렵 령인심발광　난득지화 령인행방

- 馳騁(치빙) : 말을 달려
- 行妨(행방) : 행위가 비뚤어지다.

12-3

그래서 성인은 넋을 배불리도록 힘쓰고
겉치레는 그렇게 돌보지 않는다
그래서 저절로 저것을 버리고
이것을 택하도록 힘쓰는 것이다

성인의 통치 철학은 자기욕구 충족보다도
내면의 자기완성을 신경 쓴다
배를 하나님 삼고 사는 어리석은 이와는
전혀 다른 삶을 가지는 것이다

욕망은 사람을 괴롭히고
수양의 미덕은 사람을 배부르게 한다
물질세계보다도 정신문화를
심도 있게 추구하는 사람이 성인이다

是以聖人 爲腹 不爲目 故去彼取此
시이성인 위복 불위목 고거피취차

• 爲腹(위복) : 배부르게 하다. 영적 배를 채우다.
• 去彼取此(거피취차) : 저것을 버리고 이것을 취하다.

13-1

총애도 굴욕도 놀란 듯이 경계해야 한다
큰 우환도 몸소 겪듯이 두려워해야 한다
총애 받을 때 웃다가 굴욕 때는
탄식만 하고 있어서는 안 된다

살다보면 총애도 있고 굴욕도 있다
이를 언제나 신중히 여기고
깊이 생각하여 원인을 알아두고
늘 조심하고 신중히 지내야 한다

잘 나갈 때 흥청거리다가
적막할 때 낙심만 하면
예방 없이 질병 걸리듯이
맨손으로 당하고 말 것이다

寵辱若驚　貴大患若身
총욕약경　귀대환약신

• 寵(총) : 총애, 부귀, 영화 등
• 辱(욕) : 구박, 빈천, 굴욕 등
• 若身(약신) : 내 몸같이

총애나 굴욕을 대단하게 여기는 것은
총애를 하찮게 여기는 데서 그러냐?
남에게 몸을 낮추는 것을 각별히 여기는 것은
굴욕을 달게 여기는 것이 된다

총애를 얻어도 잃어도 다 놀라는 것은
그럴 일이 없더라도 놀란 듯이 여기고
행동해야 한다는 것이다
그것이 굴욕을 각별히 여기는 것이 된다

늘 눈을 크게 뜨고 자신 몸에 닥치는
총애나 굴욕을 무심히 넘기지 말고
깊이 생각하여 자신에 알맞은
삶을 누려야 함을 잊지 말아야 한다

何謂寵辱若驚　寵爲下　得之若驚　失之若驚　是謂寵辱若驚
하위총욕약경　총위하　득지약경　실지약경　시위총욕약경

• 爲下(위하) : 하찮게 여기다. 대수롭지 않게 여기다.
• 得之, 失之(득지, 실지) : 얻어도, 잃어도

13-3

어찌하여 내 몸에 그런 큰 우환이 생기나
내가 그런 일 당하는 까닭은
바로 내가 몸을 가졌기 때문 아닌가!
몸이 없었다면 내가 왜 이런 환난을 당하겠나?

내가 살아있고 내 몸이 여기 있어
당하는 이 큰 우환을 어떻게 이겨낼까?
세상에 대하여 힘쓰기보다는
내 몸에 대하여 더 조심해야 하지 않을까?

먼저 자신이 소중함을 아는 이에게
우리는 세상을 부탁할 수 있으나
자신 하나를 이기지 못한다면
세상이 그에게 무엇을 맡길 수 있으리오!

何謂貴大患若身　吾所以有大患者　爲吾有身　及吾無身　吾有何患
하위귀대환약신　오소이유대환자　위오유신　급오무신　오유하환

- 何謂(하위) : 어찌하여
- 有身(유신) : 몸이 있기 때문이다.
- 無身(무신) : 내게 몸이 없었다면

13-4

그래서 자신이 존귀함을 아는 이가
천하를 위하는 이가 될 것이다
그런 사람에게 천하를 맡길 만하고
세상이 소중함을 알게 된다

누구든지 천하를 얻고도
자신을 잃으면 무슨 소용이냐?
목숨이 천하보다 더 귀하지 않으냐!
예수님 말씀이 생각난다

세상에서 무엇이 귀하고
소중한가를 바로 아는 사람은
자신을 아끼고 중하게 여긴다
그래도 세상일을 할 수 있기 때문이다

故貴以身爲天下　若可寄天下　愛以身爲天下　若可託天下
고귀이신위천하　약가기천하　애이신위천하　약가탁천하

- 貴以身(귀이신) : 자신을 귀하게 여기다.
- 寄天下(기천하) : 천하를 맡기다.
- 愛以身(애이신) : 자신을 사랑하듯이

14-1

보아도 알 수 없으니 무색(無色)한 것이고
들어도 알지 못하니 무성(無聲)일세
잡아도 잡히지 않으니 무형(無形)이구나
이것으로야 어떻게 도를 알겠느냐?

도라는 것은 이 셋이 합해서 하나가 되고
그 하나에서 알아봐야 할 것이다
도무지 알 수 없는 말에서부터
도의 참 모습을 보아야 한다

보고 듣고 붙잡고 해도
도무지 알 수 없는 도를
어디서 어떻게 알 수 있을까?
감각을 초월한 도를 깨달아야 한다

視之不見 名曰夷 聽之不聞 名曰希 搏之不得 名曰微 此三者
시지불견 명왈이 청지불문 명왈희 박지불득 명왈미 차삼자
不可致詰 故混而爲一
불가치힐 고혼이위일

- 視之, 聽之, 搏之(시지, 청지, 박지) : 보아도, 들어도, 붙잡아도
- 致詰(치힐) : 도를 규명하다.

14-2

위로는 밝지 않고 아래로 어둡지 않으니
도는 초월적이라 알 수가 없고
현세계를 꿰뚫어 보시는구나!
무한히 있으니 딱히 이름 지을 수 없구나!

그러나 전혀 없음의 무로 돌아가
어떤 형상도 사물의 모양도 없으니
진정 무엇이라 할까요?
그냥 황홀하다고나 할까?

석가여래께서 수보리 존자에게
없음에 대하여 말씀하시자
수보리는 깨닫고 금강반야바라밀경에
잘 기록하여 후세에다 알게 했다

其上不曒 其下不昧 繩繩兮不可名 復歸於無物 是謂無狀之狀
기상불교 기하불매 승승혜불가명 복귀어무물 시위무상지상
無物之象 是謂惚恍
무물지상 시위홀황

• 惚恍(홀황) : 도의 본질을 말하니 너무 어려워서 이 말로만 표기하고 있다.
  6장, 8장에서 도의 영속성을 말하고 이 장에서는 더 어려운 본질을 말하고 있다.

14-3

도를 앞에서 보아도 얼굴이 안 보이고
뒤를 따라가 보아도 전혀 볼 수 없으니
도란 무시무종(無始無終)하구나
모양도 실체도 다 없으니 어찌 보이겠느냐?

없는 듯이 있고 보이지 않는 듯이 보이니
실상은 있는데 없음 같고 없음이 곧 있음이니
도란 그 본질을 어찌 헤아리겠느냐?
한계에 갇힌 인간이 어찌 감히 보겠느냐?

가장 확실한 도는 최상급의 있음인데
손에 잡히는 것도 눈에 보이는 것도
그리고 이것이다 저것이다 할 수 없는
무한의 실존이 도가 아닌가!

迎之不見其首　隨之不見其後
영지불견기수　수지불견기후

- 迎之(영지) : 앞에서 영접하다.
- 隨之(수지) : 뒤에서 따라가다.

14-4

옛 도를 가지고 지금의 만물을
능히 다스림은 능히 옛 태초를 알 수 있다
이것은 도를 모든 것의 원리로
이해하는 데서 가능한 것이다

도에 대한 이야기는
장님 코끼리 더듬듯 하는 것이니
어찌 확실히 알 수 있겠는가!
노자는 여기서 도를 예찬하고 있다

도의 크기나 위대함을 14장에서
말하고 있는 것이다. 보이는 것은
보이는 그 모두가 아니니 부분만 본다
그러니 다 안다는 말은 빈말이다

執古之道　以御今之有　能知古始　是謂道紀
집고지도　이어금지유　능지고시　시위도기

- 執古(집고) : 옛것을 잡고서
- 今之有(금지유) : 지금의 만물을
- 古始(고시) : 시원을, 태초를

66

15-1

옛날 도를 아는 선비는
지혜가 미묘한 경지에 이르고
도를 통달하여 그 깊이를 알 수 없었다
잘 모르는 처지라서 예를 들어본다

미세하고 오묘한 데까지 통달하여도
너무도 도가 깊어 이를 표현키 어려웠다
그들 자취를 글로 표현하기가
그리 쉽지 않으니 어찌하랴!

도는 진실로 한두 마디로는
전혀 표현할 수가 없구나
이세 이들 선비들의 깨우침을
조금이라도 더듬어 보기로 하자

古之善爲道者　微妙玄通　深不可識　夫唯不可識　故强爲之容
고지선위도자　미묘현통　심불가식　부유불가식　고강위지용

- 古之善(고지선) : 옛 훌륭한 선비들
- 道者(도자) : 진인(眞人), 지인(至人)
- 故强(고강) : 억지로

15-2

신중하기로는 한겨울에
강물 건너기와 같고
조심스럽기로는 이웃의 이목을
두려워하는 것 같다

공손함은 나그네와 같고
부드럽기는 얼음 녹듯 하며
두터운 모습은 천연 옥돌 같고
뒤섞임은 물줄기 같았다

어느 것 하나 잡고 답을 찾으려면
평생 찾아도 못 찾을 것이고
이모저모가 서로 다르니
전혀 달리 표현할 수밖에 없다

豫兮若冬涉川　猶兮若畏四隣　儼兮其若客　渙兮若氷之凌釋
예혜약동섭천　유혜약외사린　엄혜기약객　환혜약빙지릉석
敦兮其若樸　曠兮其若谷　混兮其若濁　澹兮其若海　飂其若無止
돈혜기약박　광혜기약곡　혼혜기약탁　담혜기약해　요혜약무지

15-3

어느 누가 이 혼탁한 것을 안정시키며
누가 감히 맑고 깨끗이 알 수 있을까?
어느 누가 능히 안정을 움직여
서서히 살아나게 할 수 있겠는가?

탁한 물 가라앉히듯 그렇게
맑게 만들 수 있을 건가?
다시 가라앉힌 것을 뒤흔들어
서서히 살아나게 할 수 있을 건가?

옛 관료들의 일을 가지고
도를 해설하려는 노자는
실제로 불가능한 일을 하고 있다
추상적인 도를 누가 구체적으로 나타내겠는가?

孰能濁以靜之徐淸　孰能安以動之徐生
숙능탁이정지서청　숙능안이동지서생

- 孰能(숙능) : 누가 능히
- 徐淸(서청) : 서서히 맑게 하라!
- 徐生(서생) : 서서히 살아날까? 살아나게 할 수 있을까?

15-4

바로 이 도를 간직하여
가득 차기를 바라는 것인가?
오히려 가득 차기를 바라지 않고
낡은 것 버리고 새롭게 이루겠는가!

이 도를 지키는 이는 굳이
욕심 부리지 않더라도
언젠가는 가득히 채워지리라
그것 때문에 닳고 해져도 그냥 두어야 한다

도를 바르게 이해하려면
여러 각도에서 조명해보고
알아가야 할 것이다
그래도 실은 잘 알 수 있는 것은 아니다

保此道者　不欲盈　夫唯不盈　故能蔽而新成
보차도자　불욕영　부유불영　고능페이신성

- 保此道(보차도) : 이 도를 간직한 이
- 浴盈(욕영) : 가득 채우기를 바라다.
- 蔽而(페이) : 낡은 것을 버리고

16-1

마음 비우기 할 때는 극진히 하고
차분한 상태를 지킬 때는
돈독히 하여 최선을 다해야 한다
딴생각하여 엉터리로 하면 안 된다

도덕경의 핵심은 바로
마음 비우는 것부터 해야 한다
그것이 자기수양의 첫 걸음이요
노자를 배우는 첫 문이다

텅 빈 마음으로 무위자연을 받아들이고
사람의 참된 의미를 깨우친다면
그 근원에서 시작하는 일
곧 마음 비우기가 가장 중요한 것이다

致虛極　守靜篤
치허극　수정독

• 致虛(치허) : 마음 비우기, 욕심 비우기
• 守靜(수정) : 고요함을 지키기

16-2

만물이 서로 나고자 하여
나는 그들이 근원으로 돌아가
제자리를 찾는 것을 보고 싶다
생육하고 번성하기를 본다

통치자가 자기 수양의 경지에서
스스로 바로 잡기를 바라며
달리 바라지 않고 스스로 바꾸어
맑고 차분한 마음으로 되기를 바란다

만물이 두루 만들어져 갈 때
그것들이 태초로 돌아가거든
이치를 통찰하면 되는 것이다
저마다 제 길이 있기 때문이다

萬物竝作 吾以觀復
만물병작 오이관복

• 竝作(병작) : 서로 생육하다.
• 觀復(관복) : 근원으로 돌아가기를 본다.

16-3

만물이 흐드러지게 피었다가
각기 근원으로 돌아가는
이치를 통찰하면
당연히 뿌리로 돌아감을 본다

영구불변의 사실을 알면
총명하고 관용하게 되고
그 자리에서는 공평무사하고
바른 왕도를 갖추게 된다

그 길은 바른 왕도를 찾게 되고
왕도는 하늘과 같게 된다
그 길이 바로 도와 같은 것이고
그것이 우주의 섭리인 것이다

夫物芸芸　各復歸其根　歸根曰靜　靜曰復命　復命曰常
부물운운　각복귀기근　귀근왈정　정왈복명　복명왈상

• 夫物(부물) : 만물이 무성하게 되다.

16-4

이 섭리를 알면 만물을 보듬고
그러면 모두 공평해지게 된다
그러면 세상 민심이 한곳에 모이고
거기에 하늘의 뜻이 따르게 된다

그것이 도이고, 도를 따르면
오래오래 가게 되니
그 몸이 쓰러져도 위태롭지 않다
도의 자리는 평화이다

영구불변 자리는 몸이 죽어도
영원히 죽지 않게 되는 것이다
참 도의 모습이 여기에 있으니
천하에 무엇이 아쉽겠는가!

知常曰明　不知常　妄作凶　知常容　容乃公　公乃全　全乃天
지상왈명　불지상　망작흉　지상용　용내공　공내전　전내천
天乃道　道乃久　沒身不殆
천내도　도내구　몰신불태

- 知常(지상) : 일상을 알면
- 乃公(내공) : 모두 공평해지다.
- 常容(상용) : 모두 보듬는다.
- 乃天(내천) : 하늘의 뜻이다.

최고의 통치자는 백성이
그가 있는지 없는지도 모르는
무위(無爲)로 다스리는 이다
그 다음 통치자는 덕으로 한다

덕치(德治) 다음은 법치(法治)다
그 밑으로는 백성이 두려워하는
폭력 통치자이다 백성은
그를 모멸하고 돌아선다

통치법에 따라서 백성으로부터
있는지 없는지 모를 자가 최고이다
다음은 칭송 받는 자요
그 다음은 두려운 자, 그 다음은 업신여긴다

太上　不知有之　其次　親而譽之　其次　畏之　其次　侮之
태상　부지유지　기차　친이예지　기차　외지　기차　모지

• 太上(태상) : 최고 통치자
• 譽之(예지) : 자랑스럽게 여기다.
• 侮之(모지) : 모멸하는 자

17-2

다스리는 자는 신의가 부족하면
당연히 백성으로부터 불신을 받는다
다스리는 이가 자기 하기에 따라
군자도 되고 포악자도 된다

정치가의 생명이 믿음인데
아무도 믿어주지 않으면
얼른 손 털고 떠나야 한다
그냥 뭉개고 있으면 악명이 생긴다

신의를 저버리면 회복할 길이
막연하고 돌아서도 원수를 만난다
구제받을 길이 있을 때
재빨리 물러나야 할 것이다

信不足焉　有不信焉
신부족언　유불신언

• 有不信(유불신) : 불신을 사게 된다.

17-3

다스리는 이가 한마디 말이라도
소중하게 받아들이면
바른 길에 서 있는 것이고
성인의 곱을 이루는 일을 한다

그러면 신하들도 모두
나 스스로 했다며 뽐내는 것을
바라볼 수 있을 것이다
통치자가 인격자인지를 볼 수 있다

우리가 무엇을 보고 통치자 인물됨을 말할까?
그 권세, 재산, 업적, 또는 명예,
이런 것에 현혹되면 이미 자격이 없다
누구보다도 먼저 자신이 잘 알고 있다

悠兮其貴言　功成事遂　百姓皆謂　我自然
유혜기귀언　공성사수　백성개위　아자연

• 悠兮(유혜) : 유연한가를 생각한다.
• 我自然(아자연) : 나 스스로 잘 산다.

18-1

도가 폐쇄하면 억지 덕이
구세주처럼 살아나게 된다
인간의 사랑과 정의가 강조되어
지혜가 정치를 하게 된다

윤리규범이 나오면 이미
도가 무너졌다는 증거가 된다
억지 춘향으로 생긴
인의 정치가 세상을 다스린다

칼날 같은 법이 판치고
법도 모자라면 정치 타협이
빈 양철통같이 시끄러워진다
조화가 깨진 자리에는 무엇이 오는가!

大道廢 有仁義 慧智出 有大僞
대도폐 유인의 혜지출 유대위

• 大道廢(대도폐) : 대도가 쇠잔해졌다.
• 有仁義(유인의) : 인의가 살아난다.
• 有大僞(유대위) : 큰 교화가 강조된다.

18-2

부자, 형제, 부부, 곧 6친의
불화가 생기고 나면
효나 인자함 등 도덕이 생기고
나라는 혼란에 빠지게 된다

집안 화목이 사라지면
아예 덕목은 산 넘어 사라지고
집은 어둡고 사회는 어지럽다
이때 충신이 생기게 마련이다

지조 있는 신하가 나타나
그 역할을 해주기를 기다린다
무엇이 바른시 그른시가
흐려지고 마는 사회가 된다

六親不和　有孝慈　國家昏亂　有忠臣
육친불화　유효자　국가혼란　유충신

ㆍ六親(육친) : 부자지간, 형제, 부부간

19-1

거룩해 지겠다든가 박식하겠다는
욕심을 버리고 나면 백성의 이로움은
백 배가 될 것이다
만들어 낸 도덕을 던져 버린다

백성은 참된 효도와 자비로 돌아가고
간교한 기술이나 이득을 챙기지 않고
도둑도 사라진 거리에
웃음이 넘치게 될 것이다

진실로 순박한 사회가 된다면
그 나라와 백성이 얼마나 좋으랴!
아름다운 이야기가 거리마다 생기고
인심은 향기로운 꽃보다 진하리라

絕聖棄智 民利百倍 絕仁棄義 民復孝慈 絕巧棄利 盜賊無有
절성기지 민리백배 절인기의 민복효자 절교기리 도적무유

- 絕聖棄智(절성기지) : 거룩해지고 싶은 마음과 그 지혜를 버리고 나면, 도덕경이
  정치학 서적이기도 한 근거가 되는 구절이다.
- 無有(무유) : 생겨나지도 않는다.

19-2

성지(聖智), 인의(仁義), 공리(功利)
이 세 가지가 인간을 조작하여
가식으로 꾸민 것이라서
세상 다스리기가 부족한 것이다

그러니 백성에게 자연의 큰 도를
따르게 하여 순진함을 품고서
이기적인 자신을 버리게 하고
탐욕을 비우도록 힘쓰면 된다

사람이 인위적으로 나타나면
가식이 따르고 인간 본연의 가치를
흐리게 하고 마니 학문을 버리면 도심이 사라진다
사악한 세상이 되고 마는 것이다

此三者　以爲文不足　故令有所屬　見素抱樸　少私寡欲
차삼자　이위문불족　고령유소속　견소포박　소사과욕

• 차삼자(此三者) : 성지, 인의, 공리
• 포박(抱樸) : 순진함을 품다.

20-1

바른 대답과 아닌 대답의
차이가 얼마나 되겠는가?
선과 악의 사이에도
그 차이가 얼마나 되겠느냐?

남들이 겁내는 바를
나 역시 두려워하지 않을 수 있겠느냐?
학문의 황당하고 막연함이
한도 끝도 없구나!

세상 모두 잘 사는데
나만 바보가 된 것이냐?
보다 인간다운 삶을 위하여
내가 해야 할 일이 무엇이더냐?

絶學無憂　唯之與阿　相去幾何　善之與惡　相去若何　人之所畏
절학무우　유지여아　상거기하　선지여악　상거약하　인지소외

不可不畏　荒兮其未央哉
불가불외　황혜기미앙재

- 相去幾何(상거기하) : 그 차이가 얼마더냐?
- 人之所畏(인지소외) : 사람이 두려워하는 바를
- 荒兮(황혜) : 얼마나 황당하냐?

20-2

큰 잔칫상을 받은 듯이
봄날 누각에 오른 기분이듯이
다들 희희낙락 하는데
나는 홀로 조용하고 있었구나!

아직도 웃을 줄 모르는 젖먹이같이
풀죽어 있는 모습이 왜 이러냐?
마치 돌아갈 곳 없는
나그네 꼴이 되었구나!

남들이 즐기고 있을 때
나는 서글프게 외롭게 돌아앉아
갈 곳 없는 나그네의 서러움으로
가슴 치는 것은 무슨 까닭이냐?

衆人熙熙 如享太牢 如春登臺 我獨泊兮 其未兆 沌沌兮 如嬰兒之未孩
중인희희 여향태뢰 여춘등대 아독박혜 기미조 돈돈혜 여영아지미해
儽儽兮 若無所歸
래래혜 약무소귀

• 衆人(중인) : 사람들은
• 我獨泊兮(아독박혜) : 나만 홀로 머물러
• 無所歸(무소귀) : 돌아갈 곳 없는 처지

20-3

다들 여유만만하게 즐기는데
나만 홀로 궁상을 떨고 있구나!
내 마음은 바보 천치이던가?
이처럼 흐리멍텅하여 있구나!

사람들 대열에서 떨어져
고독을 삼키고 있음이
얼마나 못난 짓이던가?
사람 됨됨이가 이토록 처량하던가?

다들 잘난 체하고 시시덕거릴 때
나는 홀로 자기 속에 빠져서
아무런 낙도 모르고
시간을 으깨고 있는 꼴이 무엇이냐?

衆人皆有餘　而我獨若遺　我愚人之心也哉
중인개유여　　이아독약유　아우인지심야재

- 皆有餘(개유여) : 모두들 여유만만한데
- 我愚人(아우인) : 나는 바보 인간이던가?
- 也哉(야재) : 정말 그런가?

20-4

세상 사람 모두가 똑똑한데
나만 이토록 우둔하고 멍청하구나!
깊이는 바다 같고
덧없음은 바람 같구나!

세상 사람 모두가 유능한데
나만 이토록 무능하고 촌스러운가!
다른 이들과 달리
나만 대도를 소중히 여기는구나!

도는 유모같이 나를 기르셨는데
나는 그 도에 깊이 빠져
세상 이들과 떨어져 홀로 서니
어찌 보매 처량하나 또 대견하구나!

俗人昭昭　我獨昏昏　俗人察察　我獨悶悶　澹兮其若海　飂兮若無止
속인소소　아독혼혼　속인찰찰　아독민민　담혜기약해　료혜약무지
衆人皆有以　而我獨頑似鄙　我獨異於人　而貴食母
중인개유이　이아독완사비　아독이어인　이귀식모

- 俗人昭昭, ~察察(속인소소, 찰찰) : 세상 사람들은 다 영특하고 똑똑한데
- 異於人(이어인) : 다른 사람과는 달리
- 食母(식모) : 유모, 대도(大道)

21-1

놀라운 큰 덕을 지닌 사람은
오로지 도를 따를 뿐이다
도라는 것은 있는 듯 없는 듯
오직 황홀할 뿐이다

참으로 황홀한 가운데 형상이 생기고
아득하고 그윽할 뿐이다
그 안에는 만물이 다 들어 있고
깊고도 보이지 않는 속에 생명이 들어 있다

도는 진실로 황홀한 것이어서
그 속에 담긴 진리가 황홀한 것이다
그냥 황홀함만이
도의 깊이를 말하고 있는 것이다

孔德之容 惟道是從 道之爲物 惟恍惟惚 惚兮恍兮 其中有象
공덕지용 유도시종 도지위물 유황유홀 홀혜황혜 기중유상
恍兮惚兮 其中有物
황혜홀혜 기중유물

주해

• 德之容(덕지용) : 덕을 지닌 사람
• 爲物(위물) : (도가) 만물이 된다.
• 有象(유상) : 도의 모양, 형상이 있다.

21-2

도는 심오하여 아득하고 그윽하며
깊고도 컴컴하나 속에는
얼이 잠겨 있으니 얼은 순수하여
그 속에 정성을 다한 마음이 담겨 있다

도가 황홀한 것이어서 간단하게
보고 넘길 수는 없으니 어찌하랴!
정기가 서려 있으니 지극히 진실하며
그 성실함이 비길 데가 없구나!

도가 지닌 위대한 덕은
우주 속에 보편적으로 작용하고
운행법칙이 또한 궤도에 따른다
도는 결코 사물이 아니면서 그 위에 있다

窈兮冥兮　其中有精　其精甚眞　其中有信
요혜명혜　기중유정　기정심진　기중유신

• 有精(유정) : 정기가 있다. 그 속에 있다.
• 甚眞(심진) : 심오하고 진실하다.
• 有信(유신) : 신실함이 있다.

21-3

옛날부터 지금에 이르기까지
도는 그 이름이 사라지지 않는다
만물의 근원을 다스리고
그 실상을 알 수 있게 하는구나!

내가 무슨 재주로 그 만물의 실상을
다 알 수 있겠는가?
오로지 도를 통해서만 알 뿐이다
모든 것의 아비가 된 것을 어찌 아느냐?

태초로부터 오늘에 이르기까지
모든 것의 아비는 순종할 뿐이니
내가 무슨 근거로 그러겠느냐?
모든 것이 아비로부터 되는 것이 아니냐!

自古及今　其名不去　以閱衆甫　吾何以知衆甫之狀哉　以此
자고급금　기명불거　이열중보　오하이지중보지상재　이차

- 以知(이지) : 안다는 것이, 아는 것으로
- 衆甫(중보) : 모든 것의 아비가 되다.
- 以此(이차) : 이제 이것으로써

22-1

허리 굽히듯 굽으면 온전해진다
구부러져야 곧게 펼 수 있다
패여져야 가득 채울 수 있고
낡아져야 새로워지는 법이다

욕심 부리지 않아야 오히려 많이 거둘 수 있고
욕심 많으면 오히려 미혹하게 된다
그래서 성인은 도 하나만 안고도
천하에 모범이 되는 것이다

상식이 소중하지만 도는
이미 상식을 깨 버린다
성인이란 도 하나만으로도
세상 모든 것을 간직하고도 넉넉하다

曲則全 枉則直 窪則盈 敝則新 少則得 多則惑
곡즉전 왕즉직 와즉영 폐즉신 소즉득 다즉혹

• 曲則全(곡즉전) : 굽으면 온전해 질 수 있다.
• 敝則新(폐즉신) : 낡고 폐품이 되어야 새로워진다.
• 少則得(소즉득) : 적어야 많이 얻는다.
• 도의 역설적 진리를 말한다.

89

22-2

성인은 하나를 가짐으로써
천하를 건사할 수 있다
스스로 나타내지 않기 때문에
더욱 밝게 빛나는 것이다

스스로 옳다 하지 않으므로
다 드러나게 알려지게 되고
스스로 자랑하지 않으므로
공이 있음을 다 알게 된다

성인은 스스로 자만하지 않기 때문에
오래 가는 것이다
내가 제일이다 하지 않기 때문에
진짜 제일이 되는 것이다

是以 聖人抱一 爲天下式 不自見 故明 不自是 故彰
시이 성인포일 위천하식 부자현 고명 부자시 고창
不自伐 故有功 不自矜 故長
부자벌 고유공 부자긍 고장

• 不自見(부자현) : 스스로 드러내지 않는다.
• 不自是(부자시) : 스스로 시인하거나 옳다 하지 않는다.
• 不自伐(부자벌) : 스스로 토벌하지 않는다. • 不自矜(부자긍) : 스스로 자만하지 않는다.

22-3

성인은 오히려 다투지 않는다
그래서 천하에 그와 다툴 자가 없다
나는 나다 하고 나서지 않고
진실한 자신을 늘 가지고 있다

도를 받들면 세상 모두가 내 것이고
어느 새 주인이 되어 섬기고 있다
참 섬기는 자는 주인이라야 한다
종살이로 섬기는 것은 주인이 못 된다

자신을 낮추고 겸허하게 처신하라는
노자의 가르침을 기억하고
도덕경의 진실을 배우는 심중은
언제나 겸손해야 한다

夫唯不爭　故天下莫能與之爭
부유부쟁　고천하막능여지쟁

- 不爭(부쟁) : 성인은 다투지 아니한다.
- 與之爭(여지쟁) : 더불어 그와 다투다.

22-4

옛 사람 말한 대로 굽으면
온전해진다는 것이
어찌 헛소리이겠는가?
진실로 온전해야 도에 합당한 것이다

도는 하나 더하기 하나는 둘이다
이것이 아니고 열도 되고 백도 된다
도가 지닌 무한의 진리는
사람의 상식으로는 해결이 안 된다

도에 돌아가자면
도덕경의 말씀을 그대로 안고
자신을 던지는 자세로
도를 이루고자 해야 한다

古之所謂 '曲則全'者 豈虛言哉 誠全而歸之
고지소위 '곡즉전'자   기허언재   성전이귀지

- 古之(고지) : 옛 사람이 이른 대로
- 虛言哉(허언재) : 헛소리이더냐?
- 誠全(성전) : 정성 다해 온전하면

23-1

자연은 말을 아끼다가 하지 않는다
센 바람은 아침 내내 몰아치지 않고
소나기는 온종일 퍼붓지 않는다
어느 누가 비바람을 일으키느냐?

천지가 아니더냐?
천지가 비바람을 오래 지속시키지 못하는데
하물며 사람이야 어쩌겠느냐?
자연을 배우고 겸손해야지

사람이 잘났다고 떠들어봐야
그게 말이 안 되니 속이 보인다
하늘을 우러러보면서 배우고
땅을 지키면서 배워야 한다

希言自然 故飄風不終朝 驟雨不終日 孰爲此者 天地
희언자연 고표풍부종조 취우부종일 숙위차자 천지
天地尙不能久 而況於人乎
천지상불능구 이황어인호

• 希言(희언) : 말이 드물다. 말이 없다.
• 終朝(종조) : 아침 내내
• 尙不能久(상불능구) : 오히려 오래 가지 못한다. 지속하지 못한다.

23-2

그러니 도를 따르라
도를 섬겨라 도가 통할 것이다
덕을 따르면 덕에 달할 것이다
도와 덕을 잃지 말아라

이 둘을 잃으면 도와 덕이
그대를 버리게 될 것이다
도와 덕은 교만하면 떠난다
어디까지나 겸손해야 따를 수 있다

도를 잃으면 천하에
가장 소중한 것을 잃는 것이다
덕을 잃으면 세상에서
가장 귀한 것을 잃는 것이다

故從事於道者　同於道　德者　同於德　失者　同於失
고종사어도자　동어도　덕자　동어덕　실자　동어실

• 從事(종사) : 따르고 섬겨라.
• 同於德(동어덕) : 덕 또한 마찬가지다.
• 同於失(동어실) : 마찬가지로 다 잃을 것이다.

23-3

도에 하나 되어 지내면
도 역시 그를 얻어 즐길 것이다
덕에 도달하면 덕 또한
마찬가지로 덕인(德人)을 즐길 것이다

도와 덕은 인격이어서
사람이 이 두 가지로 해서
수준 높은 의미를 가지고
인생을 제대로 즐기며 살 수 있다

나와 도가 하나가 되고
나와 덕이 또한 하나가 되면
도인이 되고 덕인이 되어
평생을 평화롭게 살아갈 수 있다

同於道者　道亦樂得之　同於德者　德亦樂得之　同於失者　失亦樂得之
동어도자　도역락득지　동어덕자　덕역락득지　동어실자　실역락득지

- 同於道(동어도) : 도에 하나가 되다.
- 樂得之(락득지) : 얻어서 즐기다.

23-4

자신이 믿음 없으면
남도 또한 믿지 않는다
믿음이 떠나면 불행해진다
믿음이 삶의 기본이기 때문이다

자신도 믿을 수 없을 때
믿지 못함이 당연하다
믿음도 하나님도 사람도
하나 되게 하는 길이 된다

믿음을 위해 자신이 믿음 있게 해야지
남을 탓하면 믿음은 사라진다
믿음 없는 세상은 지옥이 되고
믿음 없이 살 수가 없음을 알아야 한다

信不足焉　有不信焉
신부족언　유불신언

• 有不信焉(유불신언) : 불신이 뒤따른다.

발돋움으로 서서는 누구도
오랫동안 서 있지 못한다
가랑이 쩍 벌리고 걸으면 누구도
오랫동안 걷지 못한다.

속인들이 덧없이 자랑하는 것은
한낱 군더더기일 뿐이다.
헛된 짓으로 자랑함은
어리석은 일일 뿐이다.

비정상으로는 무엇이든지
오래 지탱할 수가 없는 법이다.
남들한테 반짝 인기 얻는 것은
정말 어리석은 짓일 뿐이다.

企者不立　跨者不行
기자불립　과자불행

- 企者(기자) : 일부러 하는 사람
- 跨者(과자) : 걸터앉은 사람, 말 탄 사람, 가랑이 벌리고 가는 사람

24-2

스스로 잘난 체하면 공명하게
나타내지 못할 것이다
스스로 옳다 하면 자랑스럽지 못하다
스스로 뽐내면 공로가 없게 된다

스스로 자랑하면 결코 오래 가지 못한다
자신이 다 말해 버리면
잘했던 것도 묻혀 버린다
어리석은 자는 자기 자랑을 한다

잘난 것도 잘한 일도 모두
남들이 평가해 주는 것이라야 한다
스스로 다 말하고 나면
남들이 할 말이 없어지고 만다

自見者不明　自是者不彰　自伐者無功　自矜者不長
자견자불명　자시자불창　자벌자무공　자긍자부장

• 自見(자견), 自是(자시), 自伐(자벌), 自矜(자긍) : 모두가 자만에서 오는 태도로 본다.
남들이 공인해 주지 않는 것은 공평할 수 없다.

24-3

도(道)의 입장에서 보면
먹다 남은 밥덩이거나
쓸데없는 군더더기일 뿐이다
도는 그만큼 진실한 것이다

음식물 쓰레기는 두면 악취나고
곧 부패해 버리니 속히 버려야 한다
자기 교만에서 오는 모든 언행은
바로 이런 쓰레기가 되기 쉽다

참 도를 익히고 도를 수행해야지
도의 가르침보다 교만으로
자신을 자랑하면 그에게는
도가 들어설 자리가 없어진다

其在道也　曰　餘食贅行
기재도야　왈　여식췌행

· 餘食(여식) : 남은 밥, 음식 쓰레기
· 贅行(췌행) : 군더더기들

99

24-4

도보다 자신을 앞세우는 것을
사람들은 모두 싫어한다
그런 고로 도를 행한 이는
처신을 삼가는 법이다

어리석은 자는 눈앞의 영광을 좇아
자신을 내세우다가 낭패를 본다
그러니 늘 겸손하여 자신을 가누고
도를 생각해야 한다

도를 망각하고 속인들의 욕망대로
행동하면 영광은 고사하고
부끄러움만 안고 올 뿐이다
그러니 도를 먼저 생각해야 한다

物或惡之　故有道者　不處
물혹오지　고유도자　불처

- 物或(물혹) : 그런 것들
- 惡之(오지) : 미워하다, 싫어하다.
- 不處(불처) : 처신하지 않는다.

25-1

모든 것의 태초가 되고
마지막인 그 무엇이 있었다
말씀은 정말 천지가 생겨나기
그 이전부터 있었던 도(道)이다

도에는 소리가 없어 들리는 것이 없고
모양새가 없어 보이는 것도 없구나!
홀로 우뚝 서 있으니 영원토록 변함 없네
그러나 어디든지 편재하여 가득하구나

멈추는 시간이나 사물이 없고
천하 만물의 어머니가 되시니
못할 것이 없는 모두의 존재였구나
말씀은 곧 하나님이셨구나!

有物混成　先天地生　寂兮寥兮　獨立而不改　周行而不殆　可以爲天下母
유물혼성　선천지생　적혜요혜　독립이불개　주행이불태　가이위천하모

- 有物(유물) : 모든 것이 태초의 존재
- 混成(혼성) : 종착됨. 존재 양상
- 先天地生(선천지생) : 천지가 생겨나기 이전, 말씀, 도의 태초

101

25-2

나는 그 이름을 모르는데
굳이 이름 붙여 도(道)라 일컫는가?
억지로 이름을 붙인다면 그것은
대(大)라 할까? 알맞은 이름이 없구나

도는 이름이 중한 게 아니다
그냥 태초부터 존재하였고
천지 우주의 원천이요 태초의 힘이
생동하는 힘으로 도가 있었다

도는 늘 하나님의 존재와 같고
그 능력은 천하를 만들고
천하를 유지하는 근원적인 정신이다
그래서 도가 천지의 어머니도 된다

吾不知其名　强字之曰道　强爲之名曰大
오부지기명　강자지왈도　강위지명왈대

- 不知其名(부지기명) : 그 이름을 모른다. 도의 속성을 지적한 말씀이다.
- 强字(강자) : 억지로 지은 자호. 굳이 지은 이름
- 强爲之(강위지) : 억지로 할 수밖에 없다.

대(大)라는 것은 무한으로
뻗어 감을 일컫는 말이다
한계도 없이 뻗어 감을 말하는
서(逝)가 안 가는 곳이 없구나

멀리도 가고, 거기서 또 되돌아오며
도는 정말 크고 하늘보다도
땅보다도 더 큰 것이다
당연히 사람보다도 크다

온누리 안에 큰 것이 네 개 있다
도, 하늘, 땅, 사람이 그것이다
그래서 사람도 한몫을 한다
그러나 도가 곧 모든 것의 근본이다

大曰逝　逝曰遠　遠曰反　故道大　天大　地大　人亦大
대왈서　서왈원　원왈반　고도대　천대　지대　인역대
域中有四大　而人居其一焉
역중유사대　이인거기일언

- 大曰逝(대왈서) : 대는 서라 일컫고　• 逝曰遠(서왈원) : 서는 먼 곳을 일컫는다.
- 遠曰反(원왈반) : 먼 것은 되돌아옴을 일컫는다.
- 而人(이인) : 사람 또한 큰 것이다.

25-4

몸을 가진 인간은 땅의 법을
반드시 따라야 한다
땅은 하늘의 법을 따르고
하늘은 반드시 도(道)의 법도를 따른다

도는 스스로 그렇게 있었다
그 원리로 모두가 도의 법대로
존재하고 있는 것이다
도는 하나님의 말씀이다

천지창조의 손길은 도가 했고
도는 모든 창조물을 또한 다스리고
모든 존재의 근본으로 존재한다
도는 스스로 그렇게 되고 있다

人法地　地法天　天法道　道法自然
인법지　지법천　천법도　도법자연

• 人法地(인법지) : 사람 몸 가진 자는 땅의 법을 따른다.
• 地法天(지법천) : 땅은 단 하늘의 법도를 따른다.
• 天法道(천법도) : 하늘은 단 도의 법도를 따른다. 그것이 우주의 법칙이다.

26-1

무거운 것들은 다 가벼운 것의
근원으로 있는 것이다
고요함은 시끄러운 것의
임금님이 되는 것이다

중량감 있는 것은 모두가
가벼운 것들의 뿌리가 되고
적막강산은 소란한 세상의
임금으로 자리매김한다

없음같이 있어서 가볍고
생명의 바탕이 있어서
고요함이 다스리는 도의 힘이
천지에 가득한 것이다

重爲輕根　靜爲躁君
중위경근　정위조군

• 重爲(중위) : 무거운 것이 ~가 된다.
• 靜爲(정위) : 고요함이 ~가 된다.

26-2

이래서 성인은 종일 걸어가도
짐수레의 무게를 내려놓지 않고
자랑스러운 삶을 누리는 것이다
고요하고 초연한 법이 마음에 있다

만승의 큰 나라가 천하 만민 앞에서
경망스런 임금 처신이 있겠느냐?
천하 만민을 가볍게 여기는
큰 나라 임금이 어디 있겠느냐?

이것이다 하면 이미 아니고
아니다 하면 이미 이것인 것이다
그것이 도의 진실이요
말씀의 실상으로 근원이 된다

是以聖人 終日行 不離輜重 雖有榮觀 燕處超然 奈何萬乘之主
시이성인 종일행 불리치중 수유영관 연처초연 내하만승지주
而以身輕天下
이이신경천하

- 是以(시이) : 이래서 그런 것이다.
- 輜重(치중) : 짐수레의 무게
- 萬乘(만승) : 수레 일만을 가진 대국

26-3

경망스레 까불면 근원을 잃는다
그리고 조급하게 설치면
군주의 지위를 잃고 만다
적당한 권위를 지녀야 한다

까불거리는 사람은
늘 손해 보게 마련이다
조급하게 나서면 될 일도 안 되고
자리가 위태한 법이다

도는 사람을 가르쳐
저마다 자중하고 일하게 한다
지위에 알맞은 처세로
자리를 지키는 것이 도인의 모습이다

輕則失根　躁則失君
경즉실근　조즉실군

- 失根(실근) : 근원을 잃는다.
- 失君(실군) : 군주된 지위를 잃는다.

27-1

도를 잘 따르면 걸음이 자국을
남기지 않는다. 그리고
말을 바로 하면 허물을 남기지 않는다
잘 하는 계산은 계산기가 필요 없다

빈 통 건드리면 시끄럽지
꽉 찬 통은 조용할 뿐이다
사람 또한 도를 순응하면
조용하게 진행한다

도는 하나님의 뜻이니
그 뜻에 순종하면
안 될 일이 없고 순조로우며
하나님의 복을 누리게 된다

善行無轍迹　善言無瑕謫　善數不用籌策
선행무철적　선언무하적　선수불용주책

- 善行(선행) : 잘 가는 걸음
- 善言(선언) : 잘 하는 말
- 善數(선수) : 잘 하는 계산
- 迹,謫,策(적, 적, 책) : 자국, 허물, 계산기

잘 닫은 문은 빗장 걸지 않아도
누구나 열 수가 없다
잘 묶은 것은 매듭 없어도
그 줄을 풀 수가 없다

문 닫는 것이 정당하고
사람 묶음이 법 따라 하면
어느 누구도 마음대로 열거나
자기 생각대로 풀 수가 없는 것이다

도는 사회의 올바른 가치를 두고
행위의 바른 판단을 주고 있다
거짓은 사익하여
도를 거스르는 것이다

善閉無關楗　而不可開　善結無繩約　而不可解
선폐무관건　이불가개　선결무승약　이불가해

• 善閉(선폐) : 확실히 닫은 문. 법대로 닫다.
• 不可開(불가개) : 함부로 열지 못한다.
• 善結(선결) : 법대로 묶은
• 不可解(불가해) : 누구도 풀지 못한다.

27-3

성인은 언제나 사람을 구제하여
돌보시니 사람 버리는 일이 없으시다
언제나 사물을 쓸모 있게 활용하여
버리는 물건이 없도록 한다

이런 일을 일컬어 밝은 지혜를
간직하여 밝음을 좇는다는 것이다
도를 깨우친 이는 모든 것을
소중하고 가치 있는 것으로 여긴다

사람은 제 맘에 안 들면
마구 버리고 쓸 데 없다 하나
도를 따르는 이는 모든 것이
소중하고 쓸모 있어 아름다운 것이다

是以 聖人常善求人 故無棄人 常善救物 故無棄物 是謂襲明
시이 성인상선구인   고무기인   상선구물   고무기물   시위습명

• 無棄人(무기인) : 사람을 버리지 않는다.
• 襲明(습명) : 밝은 지혜를 간직한다.

27-4

그러므로 선한 사람은
선하지 못한 이의 스승이 되고
선하지 못한 이는 선한 사람의
제자가 되는 것이다

스승을 귀하게 여기지 않거나
제자를 사랑하지 않는다면
비록 지혜로운 이라도 잘못되는 것이니
이런 경우를 절묘한 이치라 한다

착하여 착함을 가르치고
착하지 못하여 배우는 것이다
이런 순리를 따르지 않음은
절묘한 이치를 그윽하고 오묘하다 한다

故善人者　不善人之師　不善人者　善人之資　不貴其師
고선인자　불선인지사　불선인자　선인지자　불귀기사

不愛其資　雖智大迷　是謂要妙
불애기자　수지대미　시위요묘

- 之師(지사) : 스승이 된다.
- 之資(지자) : 자신이 할 것이다.
- 要妙(요묘) : 그윽하고 오묘하다. 절묘한 이치다.

28-1

수컷의 강인한 이로움을 알면서도
암컷의 온유함을 지키는 것은
천하의 물이 골짜기로 흐르게 하면
영원한 덕이 곁에 늘 있게 될 것이다

덕이 곁에서 떠나지 않는다면
천진스런 갓난아이로 돌아갈 것이다
남성의 이점을 알면서도
여성의 위치를 지키는 것이 덕이다

천지의 이치가
음양의 덕을 따르니
사람이 제자리를 잃지 않고
겸허하게 처신해야 함을 말한다

知其雄 守其雌 爲天下谿 爲天下谿 常德不離 復歸於嬰兒
지기웅 수기자 위천하계 위천하계 상덕불리 복귀어영아

- 守其雌(수기자) : 암컷 자리를 지킨다.
- 天下谿(천하계) : 세상의 계곡이 된다.
- 常德(상덕) : 영원한 덕이

112

28-2

순결의 지식이나 학문적인
지식을 가지면서도 현묘한 도를
지킨다면 반드시
천하의 규범이 될 것이다

그렇게 되면 영원히 변치 않는
덕스러움에 어긋남이 없게 되고
무극으로 돌아가 영원토록
덕에 어긋나지 않는다

도를 지키는 일이 이토록 소중하고
사람을 가장 귀하고 아름답게
그리고 덕스럽게 살게 할 것이다
도가 곧 천하의 규범이 된다

知其白　守其黑　爲天下式　爲天下式　常德不忒　復歸於無極
지기백　수기흑　위천하식　위천하식　상덕불특　복귀어무극

- 知其白(지기백) : 순결의 이로움을 알면서, 학문적인 지식을 가지면서도
- 守其黑(수기흑) : 현묘한 도를 알면서도
- 爲天下式(위천하식) : 세상 본보기가 되게 하라. 천하의 골짜기가 되게 하라.
- 不忒(불특) : 어긋남이 없다.

28-3

오늘날의 부귀영화를 누리면서도
굴욕의 자리를 끝내 지킨다면
그곳이 바로 천하의 골짜기가 될 것이다
그러면 바로 영원한 덕이 가득할 것이다

소박한 통나무 자리로 돌아갈 것이다
끝이 없는 경지로 되돌아 갈 것이다
잠시 부귀에 눈 멀어 허덕이다가
영원을 잃어버리는 비극을 알 것이다

지금 여기가 결코 모두가 아니다
반드시 영원한 세계가 있고
영원한 축복도 기쁨도
거기에 기다리고 있을 것이다

知其榮　守其辱　爲天下谷　爲天下谷　常德乃足　復歸於樸
지기영　수기욕　위천하곡　위천하곡　상덕내족　복귀어박

- 知其榮(지기영) : 세속의 영화를 알면서도
- 守其辱(수기욕) : 굴욕을 끝내 지킨다면

28-4

통나무를 잘라서 쪼개면
그릇들이 될 수 있다
옥돌을 다듬으면 보배가 된다
존귀한 그릇이 될 수 있다

성인은 그것으로 신하의
우두머리가 되게 한다
그러니 큰 정치는 쪼개지 않고
그대로 잘 다스리는 것이다

어찌하랴! 겸허한 자세로
알아들을 만한 사람에게나
상대하어 말을 해야지!
어중이떠중이한테 다 말 할 필요 없다

樸散則爲器　聖人用之　則爲官長　故大制不割
박산즉위기　성인용지　즉위관장　고대제불할

- 樸散則(박산즉) : 통나무 잘라 쪼개어 흩어지면, 옥돌을 잘 다듬으면
- 聖人用之 (성인용지) : 성인이 그것을 이용하여, 성인을 기용하면
- 不割(불할) : 쪼개지 않는

29-1

천하를 다 가지겠다고
한껏 욕심 부리고 힘쓰고 애써도
그렇게 안 되는 것을 본다
그렇게 쉬이 되지 못함을 본다

천하는 신비로운 그릇과도 같다
인위적으로 마음대로 되지 않는다
무턱대고 바란다고 해서
얻어지는 것이 아니다

도는 무위(無爲)로 이루어진다
인위적으로 꾸며서는 안 된다
사람의 생각하는 한계를 벗어나
하늘의 뜻을 따르는 것이다

將欲取 天下而爲之 吾見其不得已 天下神器 不可爲也 不可執也
장욕취　천하이위지　오견기부득이　천하신기　불가위야　불가집야

- 將欲取(장욕취) : 장차 쟁취하려 한다.
- 吾見(오견) : 나는 알 수 있다.
- 爲也(위야) : 일부러 그리하다.

29-2

천하의 일을 인위적으로 다루면
실패하고 만다
움켜잡으려 하나 못 잡는다
움켜도 다 잃어버리게 된다

성인은 모든 일에 인위적으로
다루지 않으니 실패가 없다
움켜잡지 않으니
잃을 것도 없는 것이다

세상만사를 무위(無爲)에 맡겨서
되어가는 과정을 살피고
잘 관리만 해야지!
그러면 실패는 없는 것이다

爲者敗之　執者失之　是以聖人無爲　故無敗　無執　故無失
위자패지　집자실지　시이성인무위　고무패　무집　고무실

- 爲者敗之(위자패지) : 인위적으로 하면 실패한다.
- 聖人無爲(성인무위) : 성인은 무위로 한다.

29-3

만물 가운데는 앞질러 가기도 하고
뒤처질 때도 있는 것이다
뜨거울 때도 있고 차가울 때도 있다
꼿꼿할 때도 있고 꺾일 때도 있다

강할 때도 약할 때도 있다
안정할 때도 불안할 때도 있다
그래서 성인은 지나친 것은 피하고
사치함은 멀리 하는 것이다

교만을 삼가는 성인은
모든 일을 순조롭게 하고 있다
사심도 버리고 억지도 버린다
그리고 순조로운 진행을 한다

夫物 或行或隨 或歔或吹 或强或羸 或載或隳 是以聖人 去甚去奢去泰
부물 혹행혹수 혹허혹취 혹강혹리 혹재혹휴 시이성인 거심거사거태

• 或行或隨(혹행혹수) : 앞장서기도 하고 뒤따르기도 한다.
• 去甚, 去奢, 去泰(거심, 거사, 거태) : 극심한 것은 버리고, 사치한 것, 큰 것은 다 버린다.

30-1

도로써 군주를 보좌하는 이는
총칼로 천하를 지배하지 않는다
그 사람은 모든 일이 오로지
도에 복귀시키는 일이다

도를 깨우친 이는 도가 가르치는 대로
도의 법대로 시행한다
사람을 억지로 부리지 않고
자기 욕심을 채우려 하지 않는다

하나님의 뜻대로 행하려 하면
이 교훈이 하나님께로서 왔는지(요한복음7:17)
자기 스스로 말함인지를 알아야 한다
도는 하나님의 뜻이기 때문이다

以道佐人主者　不以兵强天下　其事好還
이도좌인주자　불이병강천하　기사호환

- 佐人主者(좌인주자) : 군주를 보좌하는 이는
- 兵强天下(병강천하) : 천하를 총칼로 강압적 지배를 한다.

30-2

군대가 주둔한 곳은 어디든지
가시덤불이 생겨나고
큰 전쟁 치르고 난 뒤에는
반드시 흉년이 오게 된다

총칼로 다스리는 곳은
마음도 땅도 황폐하게 되고
전쟁에 나간 장정이 죽고 나면
농사 지을 일꾼이 모자란다

흉년은 마을마다 비극이고
사람마다 악독해진다
도가 사라진 거리는
비극이 흉흉한다

師之所處　荊棘生焉　大軍之後　必有凶年
사지소처　형극생언　대군지후　필유흉년

- 師之(사지) : 군사단이 점령한 곳
- 大軍(대군) : 큰 전쟁을 겪은 곳

30-3

잘 다스리면 저절로 목적이
달성되는 것이다
결과를 보려 하고 강권은 안 한다
성취하되 자랑하지 않는다

성취하면서도 교만하지 않고
무위자연의 도를 따르며
결과를 보되 강권을 휘두르지 않는다
좋은 결과를 목적할 뿐이다

목적 달성을 위해서 땀 흘리고
자신의 할 일을 최선 다해 하면서
그 결과로 자기 이권이니
자기 성취욕을 채우려 하지 않는다

善有果而已　不敢以取强　果而勿矜　果而勿伐　果而勿驕
선유과이이　불감이취강　과이물긍　과이물벌　과이물교
果而不得已　果而勿强
과이불득이　과이물강

• 善有(선유) : 군대를 잘 다스리다.
• 勿矜(물긍) : 자랑하지 않는다.
• 不得已(부득이) : 할 수 없이, 어쩔 수 없이

30-4

만물은 번성한 뒤에 반드시
쇠하기 마련이다
무력적 강제는 도에 어긋난다
도에 어긋나면 망하는 법이다

만물의 생태는 한번 번성했다가
곧 시들어 버린다. 꽃이 피면
낙화가 되는 것과 같다
도와 관련하여 그 뜻을 생각해보자

전쟁에 대한 이야기로
시작한 이 장에서는
자연의 현상을 예화로 하여
도에 어긋나면 망함을 말한다

物壯則老　是謂不道　不道早已
물장즉로　시위부도　부도조이

• 壯則老(장즉로) : 무성하면 곧 시든다.
• 謂不道(위부도) : 무력적 강권은 전혀 도가 아니다.
• 早已(조이) : 이내 망한다. 곧 망한다.

31-1

보통 무기는 불상사를 가져오는
물건이니 다들 싫어한다
도를 따르는 이는 무기를
쓰지 않으려고 한다

군자는 가까이 할 것이 못되고
일상에는 왼쪽을 높이지만
비상시에는 오른쪽을 높이 본다
그래서 병기를 가까이 하지 않는다

이 장에서 노자를 반전주의자로 보는
이들이 많다. 그러나 실상은
전쟁보다는 도를 높이 평가할 뿐
그 이상의 내용이 아닌 것이다

夫兵者　不祥之器　物或惡之　故有道者不處　君子居則貴左　用兵則貴右
부병자　불상지기　물혹악지　고유도자불처　군자거즉귀좌　용병즉귀우

- 不祥(불상) : 상서롭지 못하다, 불상사다.
- 惡之(악지) : 싫어한다, 꺼리게 된다.
- 貴左(귀좌) : 왼쪽을 귀하게 여기다.

31-2

무기란 상서롭지 못한 것이다
군자가 쓸 만한 것이 못 된다
부득이 써야 할 때는 사심 없이
공정한 마음으로 쓰는 것이 좋다

이겼다고 너무 자랑 말아야 한다
전쟁에 이긴 자랑은 살인을
즐기는 자라 할 것이다
살인을 즐기면 천하를 얻지 못한다

전쟁 자체가 도의 일이 아니다
가능하면 전쟁을 하지 말아야 한다
전쟁으로 생기는 천하의 피해가
너무도 큰 것이기 때문이다

兵者不祥之器　非君子之器　不得已而用之　恬淡爲上　勝而不美
병자불상지기　비군자지기　부득이이용지　염담위상　승이불미
而美之者　是樂殺人　夫樂殺人者　則不可得志於天下矣
이미지자　시락살인　부락살인자　즉불가득지어천하의

- 非君子之器(비군자지기) : 군자가 쓸 도구가 아니다.
- 美之者(미지자) : 자랑하는 이는
- 得志(득지) : 뜻을 얻다.

좋은 일에는 왼쪽을 높이고
흉한 일에는 오른쪽을 높이는 법이다
군대는 부사령관이 왼쪽에 서고
총사령관이 오른쪽에 자리한다

그것은 전쟁을 상례(喪禮)로 여기고
많은 이들이 죽기 때문이다
그래서 애도하는 심정으로 전쟁에 나가고
승전해도 개선식은 장례처럼 거행한다

전쟁은 사람 죽은 상례로 여기고
조신하고 침착하게 진행하며
이겨도 좋아 날뛰지 말고
장례 지내듯 해야 하는 것이다

吉事尙左　凶事尙右　偏將軍居左　上將軍居右　言以喪禮處之
길사상좌　흉사상우　편장군거좌　상장군거우　언이상례처지
殺人之衆　以哀悲泣之　戰勝以喪禮處之
살인지중　이애비읍지　전승이상례처지

- 尙左, 尙右(상좌, 상우) : 좋은 일에는 왼쪽에, 사람 죽은 흉한 일에는 오른쪽에 자리한다.
- 泣之(읍지) : 울며 서야 한다.

32-1

도는 언제나 이름이 없다
통나무 그대로일 뿐이다
그렇게 소박하다 해도
아무나 신하로 부릴 수는 없는 것이다

군왕이 이 도를 간직한다면
만물이 저절로 복종하게 된다
그렇게 순박해도 도의 슬기는
천하를 다 휘어잡는 것이다

어느 군왕이라도 그렇게 하면
도가 모든 것을 해결해 주고
천하의 명군이 될 것이다
도는 모두를 원만하게 다스린다

道常無名　樸　雖小　天下莫能臣　侯王若能守之　萬物將自賓
도상무명　박　수소　천하막능신　후왕약능수지　만물장자빈

• 常無名(상무명) : 언제나 이름이 없다.
• 樸(박) : 통나무
• 莫(막) : 못 한다.
• 自賓(자빈) : 스스로 복종하다.

126

32-2

천지가 다 서로 화합하고
감로수를 내리게 하며
사람들은 명령 기다릴 것 없이
스스로 다스려지게 된다

하늘과 땅의 기운이 서로 합쳐져서
단 이슬을 내려 줄 것이다
온 백성도 스스로 가지런하여
명령을 내릴 필요도 없다

도가 있는 곳이면
도의 가르침대로 모두가
스스로 알아서 해내는
새로운 역사가 이루어질 것이다

天地相合　以降甘露　民莫之令　而自均
천지상합　이강감로　민막지령　이자균

- 民莫之令(민막지령) : 백성이 명령을 기다릴 것도 없이
- 而自均(이자균) : 스스로 다스리게 된다.

32-3

만들어진 모든 것은 이름을 가진다
그래서 이름 가진 세계가 생겨나고
그 이름 가진 것의 한계가 알려진다
그 한계를 미리 알면 위태롭지 않다

옥돌 가공으로 이름이 생기고
이름 생긴 다음은 제한이 생긴다
그래서 세상은 제한 속에서
위태롭기도 한 것이다

여기서 도는 사람에게
자기 절제를 가르치고 있다
보통 사람들은 도를 함부로 할 수 없고
세상을 평화롭게 다스릴 것이다

始制有名　名亦旣有　夫亦將知止　知止可以不殆
시제유명　명역기유　부역장지지　지지가이불태

- 旣有(기유) : 이미 가졌다.
- 知止(지지) : 알려진 뒤
- 不殆(불태) : 위태롭지 않다.

32-4

도를 지닌 사람이 천하를
다스리는 비유를 한다면
골짜기 물이 스스로 강과 바다로
흘러 들어가는 것과 같다

도인이 세상을 다스리는 일은
천하가 복을 받은 상태가 된다
도가 작용되고 있는 세상은
옹달샘이 강과 바다가 되는 것과 같다

도가 세상을 버리지 않고
책임지고 다스리게 되면
세상은 복된 곳이 되고
사람들은 가장 행복한 삶을 누릴 것이다

譬道之在天下　猶川谷之於江海
비도지재천하　유천곡지어강해

• 道之在天下(도지재천하) : 도를 따르고 도를 지닌 사람이 천하를 다스린다면
• 川谷(천곡) : 골짜기의 냇물이

33-1

다른 사람을 아는 것을 지(智)라 하고
자신을 아는 것은 명(明)이라 한다
사람을 안다는 것은 세상을 아는 것이고
세상을 알아야 자신도 아는 것이 된다

인간학은 사람의 영과 혼과 몸을
분석하면서 하나하나를 철학으로 파악하고
사람의 됨됨이를 알아서
미래를 대비하는 것이 중요하다

사람은 하나님의 형상으로 지음 받은
거룩하고 보배로운 존재였으나
범죄로 타락하여 분제의 인간상을
모두 잃어버린 타락자가 된 것이다

知人者智　自知者明
지인자지　자지자명

• 知人(지인) : 남을 아는 지식
• 智(지) : 슬기로움, 객관적 지혜
• 自知(자지) : 자신을 아는 지식
• 明(명) : 자기 자신에 대한 지식

33-2

다른 사람에게 이기는 것은
승(勝)이라 하고
자신을 이기는 것은
강(强)이라 한다

남을 이기는 것보다도
자신을 이기는 것이 더 어렵다
그 어려움을 감당해야
도에 가까운 사람이 된다

한 사람의 목숨은 천하보다도
더 소중한 것이 되지만
자신의 목숨은 천하를 다 주고도
찾을 길이 없는 단 하나의 생명이다

勝人者有力　自勝者强
승인자유력　자승자강

- 勝人(승인) : 남을 이기다.
- 自勝(자승) : 자신을 이기다.

33-3

스스로 만족할 줄 아는 것은
부(富)라 하지만
도를 따라 증진해 가는 것은
유지(有志)라 한다

가진 것의 많고 적음이 아니라
스스로 이만하면 되었다 하는
만족감이 바로 부자인 것이다
있고 없고의 차이가 아니다

스스로를 받아들이는
자신의 마음가짐에 따라서
부자로 살든지
거지로 살아가는 것이 된다

知足者富　强行者有志
지족자부　강행자유지

- 知足(지족) : 만족할 줄 아는 마음가짐
- 强行(강행) : 도를 따라 힘 있게 실행하는 것

33-4

자신이 살아갈 곳을 잃지 않으면
구(久)라는 입장이 되고
죽어도 도를 잃지 않는 것이면
수(壽)라 일컫는 것이다

자신의 삶을 이어 가는 것은
세상에서 오래 사는 것이 되고
도를 위해서 목숨을 내 놓으면
영원히 사는 것이 될 수 있다

의를 위해 사느냐?
진리를 위해 죽느냐?
이것은 사람의 가치를
결정하는 지렛대가 되는 것이다

不失其所者久　死而不亡者壽
불실기소자구　사이불망자수

- 不失(불실) : 잃지 않는 것
- 死而(사이) : 죽음으로써

34-1

대도는 넘쳐흐르니
오른쪽 왼쪽 할 것 없이
모든 곳에 가득하구나!
그것이 도의 본성이다

도는 어디든지 경계가 없고
천하 어디든지 가득하여
사람을 바로 가르치고
올바로 인도하고 있다

어느 한 곳에 고정되지 않고
두루 온누리에 넘쳐나니
바로 깨달은 자만이 만날 수 있고
바른 인도를 받는 것이다

大道氾兮　其可左右
대도범혜　기가좌우

- 大道(대도) : 진리, 말씀, 정신의 지혜, 우주를 지배하는 힘
- 氾兮(범혜) : 물같이 범람하여 온 세상을 덮어 나가다. 무소부재(無所不在)하다.

34-2

만물이 말씀에서 만들어지고
길러지니 도는 하나님의 힘이다
그러면서도 도는 스스로 칭찬도 안 하고
천지창조의 공을 이루었다

그런 공을 다 차지하거나
자랑하지도 않는 겸허가 있다
도가 천하 만물을 양육하면서
주인 노릇 하려 들지 않는다

말씀이 천지창조를 다 하였고
모든 생명을 창조하고 번성시킨다
그러면서 스스로 만물을 지켜 주면서
주인 행세로 뻐기는 법이 없구나!

萬物恃之以生　而不辭　功成而不有　衣養萬物　而不爲主
만물시지이생　이불사　공성이불유　의양만물　이불위주

- 以生(이생) : 생성화육(化育)하다.
- 不辭(불사) : 사양하지 않는다.
- 不有(불유) : 공을 내세우지 않는다.

34-3

욕심 부리지 않는다고 작다 하느냐?
만물이 제자리로 돌아와도
주인 노릇 하려 들지 않으니
그만하면 가히 크다 하지 않겠느냐!

도는 결코 스스로 크다고 나서지 않으니
당연히 클 수가 있지 않겠느냐?
그러면 그 겸손은 그대로 남고
실상은 가장 위대한 것 아니냐?

말씀은 스스로 진리가 되고
생명이 되어 험한 세상도 구원하고
까막까치 우짖는 골에서
밝은 미래를 지켜주고 있다

常無欲 可名於小 萬物歸焉 而不爲主 可名爲大
상무욕 가명어소 만물귀언 이불위주 가명위대
以其終不自爲大 故能成其大
이기종부자위대 고능성기대

- 可名於小(가명어소) : 가히 그 이름이 작은 것이 아니더냐! 작다 할 수 있다.
- 爲主(위주) : 주인 노릇, 주인 역할
- 爲大(위대) : 큰 역할

35-1

도는 제 모습 갖지 않아도
가장 큰 모습이니 도를 붙잡아 지키면
세상 모든 이들이 그리로 돌아온다
그래도 해롭지 않은 줄 모두가 안다

도를 지키면 반드시 덕이 되니
안전하고 평안하여
태평성대를 살 수 있다
도는 참 평화의 길이 된다

도를 제 모습대로 지키고 살면
사람은 자신의 참 모습을 찾아
은혜롭고 덕스러운 삶으로
기뻐하며 살 수가 있는 것이다

執大象　天下往　往而不害　安平太
집대상　천하왕　왕이불해　안평태

• 執(집) : 붙잡아 지키면
• 往(왕) : 귀순하여, 돌아와서
• 不害(불해) : 해를 입지 않는다. 해로울 게 없다.

35-2

노래와 음식은 길손을 멈추게 하고
도는 직접 만나도 담백할 뿐이다
요란을 떨거나 매혹을 부리거나
하지 않아 그냥 무심한 듯하다

그러나 위대한 도를 따르면
세상 모두가 그냥 담담하고
휘황찬란한 조명이나
놀라운 인기가 생기는 것은 아니다

그래서 마치 도는 대수롭지 않게 보이고
그 별것 아닌 것이기에 사람들은
거들떠보지도 않지만
실상은 사람을 살려주는 힘이 있다

樂與餌 過客止 道之出口 淡乎其無味
악여이 과객지 도지출구 담호기무미

• 樂與餌(악여이) : 음악과 음식이 더불어
• 客止(객지) : 나그네 걸음을 멈추게 한다.
• 淡乎(담호) : 담백하다, 별맛 없다.

35-3

도는 무한하여 한눈에
다 볼 수가 없는 것이다
듣는다 해도 그 내용을
단번에 다 알아챌 수가 없다

도는 아무리 보고 들어도
그리고 아무리 쓰고 또 쓴다 해도
결코 다 볼 수도 들을 수도
그리고 다 쓸 수도 없는 것이 도이다

도를 간단하게 처리하거나
단번에 다 아는 듯이 하면
자신을 속이는 것이고 또한
도를 속이는 것일 뿐이다

視之不足見　聽之不足聞　用之不足旣
시지부족견　청지부족문　용지부족기

- 視之, 聽之, 用之(시지, 청지, 용지) : 아무리 보아도, 들어도, 써도
- 足見, 足聞, 足旣(족견, 족문, 족기) : 다 볼 수 없고, 다 들을 수 없고, 다 쓸 수가 없다.

36-1

도는 움츠리고자 하면
반드시 확 펼쳐지는 것이고
상대를 허약하게 하고자 하면
반드시 강하게 해 준다

도를 따르는 이의 처세는
언제든지 얄팍한 인간 수단으로
어찌 하려는 것이 아니고
도의 깊은 의미를 따라야 한다

도는 가장 손해 보는 듯한
그런 처세를 하게 한다
그래서 얼핏 보기에는 손해보고
모자라는 듯이 보이지만 끝에는 이긴다

將欲歙之　必固張之　將欲弱之　必固强之
장욕흡지　필고장지　장욕약지　필고강지

• 歙之(흡지) : 움츠리고자 한다. 접어두다.
• 弱之(약지) : 약하게 하고자 한다면

도는 폐하고자 하면
반드시 먼저 흥하게 해야 하고
뺏고자 한다면 먼저 주어야 한다
이 역설한 것이 바로 미묘한 도리라 한다

거기서 벗어나고 싶으면
먼저 함께 해 주어야 하고
다 내 것으로 하고 싶으면
미끼를 던져서 가진다

이러한 은은한 밝음이
참 도의 하는 일이 된다
사람의 생각과는 정 반대의
자세를 취해서 뜻을 이룬다

將欲廢之　必固興之　將欲奪之　必固與之　是謂微明
장욕폐지　필고흥지　장욕탈지　필고여지　시위미명

- 將欲(장욕) : 장차 바란다면
- 廢之, 奪之(폐지, 탈지) : 없애 버리려면, 빼앗아 취하려면
- 微明(미명) : 오묘한 밝음, 은은한 밝음, 도를 시행한 결과를 말한다.

36-3

아주 약한 것이 강한 것을 이기는 것은
물고기가 연못 깊은 데를 벗어나지 않는
그런 현실과 같은 것이라 하겠다
앞뒤 사정을 깊이 보아야 한다

나라를 다스리는 깊은 도리가 되는
이기(利器)는 함부로 드러내지 않는
조심스런 나라 경영을 알아야 한다
그것이 바로 미묘한 도리이다

세상 이치는 도리에 어긋나고
도가 가르치는 길은 심오해서
세상 사람들이 함부로 대할 수 없는
내면의 진리가 있는 것이다

柔弱勝剛强　魚不可脫於淵　國之利器　不可以示人
유약승강강　어불가탈어연　국지리기　불가이시인

• 脫於淵(탈어연) : 연못을 벗어나다.
• 利器(이기) : 도리, 유익한 그릇, 도(道)
• 示人(시인) : 사람에게 보여서는 안 된다.

37-1

도는 언제든지 일을 꾸미지 않지만
하지 않는 일이 없는 것이다
군왕이 도를 잘 지킨다면
만물은 저절로 나고 자라게 된다

도는 무위(無爲)로 나라를 다스리지만
안 되는 일이 없이 만사가 척척
순리대로 잘 되어가고 있다
안 되는 것은 인간이 가로막기 때문이다

사사건건 이래라 저래라 간섭하면
될 일도 제대로 안 되고
사람들을 화나게 하여 흩어진다
그러면 나라는 어지럽게 된다

道常無爲而無不爲 侯王若能守之 萬物將自化
도상무위이무불위　후왕약능수지　만물장자화

- 無爲(무위) : 작위(作爲)하지 않는다.
- 不爲(불위) : 아무것도 안 된다. 열손 재배
- 守之(수지) : 지킬 수 있다면
- 自化(자화) : 스스로 생성화육(生成化育)하다. 저절로 되어 간다.

37-2

만물이 저절로 태어나고 자라는
거기에도 욕구가 생기는 법이다
나는 그것을 아주 소박한
무명의 도로써 다스리고자 한다

자연 속의 삼라만상이
사람이 일일이 관리하지 않아도
모든 것이 순리대로 되어가는 것이니
사람이 일부러 관리할 까닭이 없다

아름다운 역사는 자연 속에서 이루어지고
위대한 역사는 희생 속에서 이루어진다
이러한 천하의 움직임이
사람의 뜻을 건너서 이루어지는 것이다

化而欲作 吾將鎭之 以無名之樸
화이욕작　오장진지　이무명지박

• 化而(화이) : 자생자장(自生自長), 자육(自育)
• 以無名(이무명) : 무명의 도로써, 도를 가지고

144

37-3

세상 모두를 무명의 도가
다스린다면
세상 모든 만물도
장차는 무욕이 될 것이다

인간사가 모두 허무한 것은
도를 벗어나서 만사를 다스림에 있다
그러나 도를 따라한다면
모든 것이 아무 조건 없이 될 수 있다

인위적인 조건 때문에
세상이 복잡해지는 것이다
그러나 어찌하랴! 모든 것이
욕심 따라 되니 허무할 뿐이구나!

無名之樸　夫亦將無欲
무명지박　부역장무욕

• 樸(박) : 소박하게 다스리다.
• 無欲(무욕) : 욕구 없이 안정되다.

37-4

욕심의 풍파가 없으면
만사가 고요하게 된다
그러면 천하가 스스로
안정하게 되는구나!

본 장은 제1부 도경의
마지막 장이다. 앞의 장에
이어서 도리를 지키는 통치자의
다스림에 대한 말씀이다

남아공의 흑인 지도자 넬슨 만델라!
그런 인물이 이 장에서 외치는
도덕경에 적절한 인물일 것이다
참고 바라지 않고 희생하는 모습이다

不欲以靜 天下將自定
불욕이정 천하장자정

• 不欲以靜(불욕이정) : 욕심 부리지 않으면 조용하다.
• 自正(자정) : 스스로 안정되다. 저절로 정의로운 길로 간다.

38-1

가장 높은 덕을 지닌 이는
덕을 아예 잊어버리고 사니
그것이 덕을 지녔다 할 것이다
덕이란 이것이다 하면 이미 아닐 수 있다

가장 낮은 덕을 지닌 이는
자신의 덕을 잃지 않으려고
애를 쓰니 아예 덕이 없는 것이나 다름없다
덕을 의식하면 이미 덕이 못 될 수 있다

덕을 갖춘 이는 덕스러운 사람이다
오히려 덕을 초월하여
덕이 있는지 없는지 생각지 않는다
그런 경지에서 덕을 지녀야 한다

上德不德　是以有德　下德不失德　是以無德
상덕불덕　시이유덕　하덕불실덕　시이무덕

- 上德, 下德(상덕, 하덕) : 최고의 덕, 가장 낮은 덕, 덕에도 차별이 있다.
- 不失德(불실덕) : 덕을 잃지 않으려고

38-2

가장 높은 덕은 무위(無爲)로 하고
일부러 하는 작위(作爲)로 하지 않는다
그런데 하등의 덕은 일부러 하는
인위적인 작위(作爲)의 덕일 뿐이다

상덕(上德)이든 하덕(下德)이든
무덕(無德)보다는 낫지만
인위적으로 조작하는 덕은
위선(僞善)에 가까운 것이다

덕은 사람의 높은 인격이
다른 사람 위해 힘쓸 때 나타난다
그런 덕이 아름답고 향기로워
자랑스런 얼굴과 같다

上德無爲而無以爲　下德無爲而有以爲
상덕무위이무이위　하덕무위이유이위

- 無爲(무위) : 일부러 하지 않아도 이루어지는 덕
- 以爲(이위) : 인위적으로 하는 일

38-3

가장 높은 수준의 인(仁)은
인덕(仁德)을 베풀고 있다
결코 인위적으로 꾸미지 않는다
인(仁)은 남을 이롭게 한다

가장 높은 수준의 의인은
의를 실천하는 데 예를 지킨다
이때 남들이 응하지 않으면
남에게 강제로 예를 요구한다

인(仁)과 의(義)와 예(禮)는
모두 덕의 등급이 다른 것이다
덕은 인을 낳고, 인은 의를 이루고
의는 예를 가르치는 스승이다

上仁爲之而有以爲　上義爲之而有以爲　上禮爲之而莫之應　則攘臂而扔之
상인위지이유이위　상의위지이유이위　상례위지이막지응　즉양비이잉지

- 上仁, 上義, 上禮(상인, 상의, 상례) : 현실에서의 덕의 3등급이다. 모두 덕을 바탕으로 이루는 인격이다.
- 扔之(잉지) : 남의 팔을 잡고 강요한다.

38-4

그러니 도(道)가 사라지면
덕이 생겨나고
또 덕이 없어지고 나면
인(仁)이 생겨 사람을 이끌어준다

그리고 인(仁)이 없어진 다음에는
의가 자리 잡고
의가 사라진 뒤에 예가 생긴다
그러나 인, 의, 예(仁, 義, 禮)는 한 형제다

다 덕이 낳은 형제라 할 수 있다
높은 덕은 도의 한 모습으로
사람을 가장 명예롭게 인도하여
최상위의 인격자가 되게 한다

故失道而後德 失德而後仁 失仁而後義 失義而後禮
고실도이후덕   실덕이후인   실인이후의   실의이후례

• 失道, 失德, 失仁, 失義(실도, 실덕, 실인, 실의) : 도를 잃으면, 덕이 없으면, 인이 떠
  나면, 의를 버리면, 이 4가지는 한 족보에서 나왔으나 그 인격의 등급이 다르다.

38-5

무릇 예에는 충신이 드물게 나오니
생긴 자리가 되고, 모든 어려움의
시작이 되어 사람을 가르친다
도는 늘 남보다 먼저 나선다

그런데 그런 것은 도의 겉모습일 뿐
남을 어리석게 만들기 시작한다
예와 신이 어지럽게 되면
도의 겉모습이 나타나게 된다

그 결과로 남을 어리석음에 빠지게 하고
사람의 높은 수준의 도에는
이르지 못하여 어리석음에서
벗어나기가 힘들게 된다

夫禮者　忠信之薄　而亂之首　前識者　道之華　而愚之始
부례자　충신지박　이란지수　전식자　도지화　이우지시

- 之薄(지박) : 아주 드물게 된다.
- 之首(지수) : 시초, 첫머리
- 之華(지화) : 겉모습, 껍데기

38-6

이래서 대장부는 후덕한 도에
머물게 되었고, 얄팍한 예(禮)에
머물지는 않는다. 그것은
속으로 충실하고 겉치레에 머물지 않는다

인위적인 덕에는 겉치레가 따르고
도의 내실에 충실을 지니는 것이다
본 장은 덕경의 첫 글이고
덕의 진실을 밝히고 있다

여기서 상덕(上德)이란 21장 공덕(孔德)과
28장의 항덕(恒德), 그리고
51장의 현덕(玄德) 등이 여기에 해당된다
덕은 정말 존귀한 것이다

是以大丈夫處其厚　不居其薄　處其實　不居其華　故去彼取此
시이대장부처기후　불거기박　처기실　불거기화　고거피취차

- 大丈夫(대장부) : 큰 어른, 도를 따르는 분
- 不居(불거) : 머물지 않는다.
- 去彼(거피) : 외화(外華)를 버리고
- 取此(취차) : 내실을 취하다.

39-1

옛날 하나의 도를 깨우친 것을 따져보면
하늘은 하나의 도를 얻어서 맑아지고
땅은 하나의 도를 얻어 평안해지며
영혼은 도를 얻어 더 신령해졌다

샘은 하나의 도를 얻어 충만해지고
제후와 임금은 하나의 도를 얻어
온 세상의 본보기가 되었다
이 모든 것은 하나의 도를 얻어서 되었다

사람이 믿음이 아무리 좋아도
성령을 충만하게 받았을 때
신령한 눈을 뜨고 영적 생명을 지니고
하나님의 온전한 종이 될 수 있었다

昔之得一者　天得一以淸　地得一以寧　神得一以靈　谷得一以盈
석지득일자　천득일이청　지득일이녕　신득일이령　곡득일이영
萬物得一以生　侯王得一以爲天下正
만물득일이생　후왕득일이위천하정

• 昔之(석지) : 옛날에, 옛부터
• 得一(득일) : 하나(도)를 얻어서
• 以爲天下正(이위천하정) : 천하를 바르게 다스리다. 그렇게 바르게 되다.

39-2

하늘도 하나의 도를 얻어서 맑지 못하면
머지않아서 갈라져 버리고 말 것이다
땅도 그렇게 해서 평안해지지 않으면
머지않아서 무너져 내리고 말 것이다

영혼도 하나의 도로 신령해지지 못하면
신령한 생명을 제대로 갖지 못하고
샘도 하나의 도를 얻어 충만하지 못하면
곧 말라 버리고 그 생명을 잇지 못하리라

만물도 하나의 도로 거듭나지 못하면
머지않아 소멸되고 말 것이다
군왕도 그렇게 안 되면 천하를
바르게 못 다스리고 망하고 말 것이다

其致之也 天無以淸 將恐裂 地無以寧 將恐廢 神無以靈 將恐歇
기치지야 천무이청 장공렬 지무이녕 장공폐 신무이령 장공헐
谷無以盈 將恐竭 萬物無以生 將恐滅 侯王無以正 將恐蹶
곡무이영 장공갈 만물무이생 장공멸 후왕무이정 장공궐

- 天無以淸(천무이청) : 하늘이 맑지 못하면
- 恐裂(공렬) : 무섭게 갈라져 내리다.   • 以靈(이령) : 영묘하게 되다. 신령해지다.
- 無以正(무이정) : 바르게 다스리지 못 한다.

39-3

그런 고로 존귀함은 비천함을
근본으로 삼아야 할 것이다
높아지고자 하면 낮은 데를 바탕으로 삼아
군왕도 외롭고 부족하고 무능함에서 깨달아야 한다

자신이 덕이 없고 쭉정이 같은 자라
생각되어 겸허해지고 천한 데서
비롯하는 자세를 가져야
제대로 군왕 노릇 할 수가 있다

권세를 가지고도 겸손할 수 있고
부유하면서 건방떨지 않는 사람
그런 사람이 되어야 도를 알고
도를 한번 깨닫게 될 것이다

故貴以賤爲本　高以下爲基　是以候王　自謂孤　寡不穀
고귀이천위본　고이하위기　시이후왕　자위고　과불곡
此非以賤爲本邪　非乎
차비이천위본사　비호

- 貴以賤(귀이천) : 귀한 것은 천함에서 비롯된다.
- 以下爲基(이하위기) : 높은 것은 낮은 기초를 바탕으로 해야 한다.

39-4

그런 고로 명예를 구하면 오히려
명예롭지 못하게 되고
구슬같이 반짝이기를 바라지 않고
거친 돌, 자갈같이 남기를 원해야 한다

통치자의 겸허한 자세는
아무리 강조해도 모자란다
노자는 이 장에서 군왕의
자세를 낮춤으로써 높아지는 것을 가르친다

누구든지 높고자 하면 낮아지고
살고자 하면 죽게 된다고
예수는 제자들을 가르쳤다
그의 겸손은 십자가 죽음까지 보여 주었다

故致譽無譽　是故不欲琭琭如玉　珞珞如石
고치예무예　시고불욕록록여옥　낙락여석

- 致譽無譽(치예무예) : 명예롭고자 하면 오히려 명예롭지가 못하다.
- 是故(시고) : 그런 까닭에

40-1

태초로 되돌아간다는 것은
도가 끝없이 활동하고 있다는 뜻이다
만물이 허약한 상태로 있다는 것은
도가 아직도 작동하고 있다는 것이다

도의 본성은 시작도 끝도 없고
언제나 세상을 위하여 도우며
사람을 살리고 이롭게 하는
일을 쉬지 않고 활동하는 것이다

도는 갈릴레오같이 끝없이 돈다고
갈파한 대로 움직이고 있다
도의 생명은 잠시도 멈추시 않고
쉬지 않고 움직여 사람을 변화시킨다

反者 道之動 弱者 道之用
반자 도지동 약자 도지용

• 反者(반자) : 되돌아가는 이
• 弱者(약자) : 유약한 모양새는
• 道之用(도지용) : 도가 작용한다.

40-2

세상 만물은 있음(有)에서
생겨나서 남아 있고
있음은 다 없음에서
생겨나서 지금까지 있다

도의 두 가지 특징이 나타나 있다
하나는 되돌아가는 것이고
또 하나는 가냘픈 상태에서
유지한다는 사실이다

이것은 역설적인 진리다
된다는 것은 안 되는 것의 시작이요
안 된다는 것은 된다는 것에서 비롯된다
되고 안 되고는 도의 성격을 말한다

天下萬物　生於有　有生於無
천하만물　생어유　유생어무

• 生於有(생어유) : 유에서 생겨났다. 여기서는 있음으로부터 생명이 비롯된다고 했다.

41-1

훌륭한 공직자는 도(道)를 들으면
힘써 그 가르침을 실천하려 한다
그러나 보통 공직자는 도를 듣고는
반신반의하는 태도를 보인다

그런데 하급 공직자는 도를 들으면
마구 비웃어댄다. 이들에게
비웃음 받지 않는 도는
참된 도가 아닌 것이 확실하다

도는 사람을 가리지 않고
누구에게나 같이 가르친다
도를 받는 사람의 수준에 따라서
그 사람의 도를 실천하는 과정이 다르다

上士聞道 勤而行之 中士聞道 若存若亡 下士聞道 大笑之 不笑不足以爲道
상사문도 근이행지 중사문도 약존약망 하사문도 대소지 불소부족이위도

- 上士(상사) : 뛰어난 선비, 훌륭한 공직자
- 中士(중사) : 중간급의 선비, 보통 공직자
- 下士(하사) : 말단 공직자
- 大笑之(대소지) : 마구 비웃어대다. 크게 웃어대다.

41-2

그래서 옛 격언에도 이런 말이 있다
밝은 도는 어두침침한 것 같고
앞서가는 도는 뒷걸음질하는 것 같다
평면적인 도는 울퉁불퉁한 것 같다

도를 대하는 사람의 태도가
사람마다 그 수준에 따라서
다르게 대하는 것이 보통이다
도를 눈, 귀, 코, 손 등으로도 달리 인식한다

노자는 이 장에서 훌륭한 공직자같이
배우기를 바라는 교훈을 말하고 있다
큰 그릇은 오랜 시간이 걸리고
대기만성(大器晚成)적인 교훈을 보이고 있다

故建言有之　明道若昧　進道若退　夷道若纇
고건언유지　명도약매　진도약퇴　이도약뢰

• 建言(건언) : 격언
• 若昧(약매) : 마치 어두컴컴한 듯
• 若退(약퇴) : 마치 뒷걸음질하듯
• 若纇(약뢰) : 마치 울퉁불퉁하듯

41-3

최고의 덕은 마치 텅 빈 골짝 샘과 같고

가장 흰빛은 마치 검은빛만 같다

넓은 덕은 마치 모자란 듯하고

강건한 덕은 구차스럽고 게으른 듯하다

진실한 덕은 마치 절조가 없는 듯하다

덕의 4종류는 기본이 같으나

사람이 덕을 지니는 태도가 각기 다르므로

결과가 전혀 다르게 나타난다

덕은 도를 깨달은 사람의 실상이다

덕은 사람이 사람을 대하는 태도요

모든 행위의 바탕이 가진 얼굴이다

보다 높은 삶을 위해 덕이 있어야 한다

上德若谷　太白若辱　廣德若不足　建德若偸　質德若渝

상덕약곡　태백약욕　광덕약부족　건덕약투　질덕약투

• 若谷, 若辱, 若不足, 若偸, 若渝(약곡, 약욕, 약부족, 약투, 약투) : 마치 빈 골짝 같고,
  마치 검은 빛 같고, 마치 모자라는 듯하고, 마치 게으른 듯하고, 마치 절조가 없는 듯
  하다.

41-4

큰 네모꼴은 구석이 없고
큰 그릇은 느리게 이루어지며
큰 소리는 들리지 않고
가장 큰 형상은 모양새가 없다

이 구절은 물리학적으로 사실이라는
과학적인 증거가 나와 있다
그러나 논리적인 것이 아니라
도덕경의 역설적 진리를 말하고 있다

노자는 이 장에서
훌륭한 공직자와 보통 수준의 공직자
그리고 말단 공직자를 예를 들어
도의 실용성을 가르쳐주고 있다

大方無隅　大器晩成　大音希聲　大象無形
대방무우　대기만성　대음희성　대상무형

• 無隅, 晩成, 希聲, 無形(무우, 만성, 희성, 무형) : 구석이 없고, 늦게 이루어지고, 소리
가 없고, 모양새가 없다. 이 말은 도의 실제 현장을 일컫는 것이다.

41-5

도는 숨은 듯하여 이름조차 없고
오직 시작도 마무리도 잘 하고
생육화성(生育化成)할 뿐이다
도를 왈가왈부만 할 것이 아니다

노자는 여기서 훌륭한 공직자의
자세를 강조하여 배우기를 바란다
상식적인 인식으로는
도를 제대로 파악할 수가 없다

도는 어떤 깨달음처럼
한순간에 터득하여 실천할 수도 있고
오랜 세월에도 잘 알시 못하는
어려움도 있게 마련이다

道隱無名　夫唯道　善貸且成
도은무명　부유도　선대차성

- 隱(은) : 은미하여, 숨은 듯, 얼굴 파악하기 어려운 것이 도이다.
- 夫唯道(부유도) : 오직 잘 베풀고

42-1

도(道)는 먼저 기(氣) 하나를 낳는다
그 하나는 음양(陰陽) 둘을 또 낳고
이 음양 둘이 합쳐서 셋을 낳는다
그런 다음에 이 셋에서 만물을 낳는다

이 만물은 음기를 등에 업고
양기를 안고 보듬어서
화(和)를 이루며
조화의 경지를 이루게 된다

도는 이 화의 경지에서
천하를 다스리며
사람과 사람 사이를 지켜주는
아름다운 역사를 이루어 나간다

道生一　一生二　二生三　三生萬物　萬物負陰而抱陽　沖氣以爲和
도생일　일생이　이생삼　삼생만물　만물부음이포양　충기이위화

- 生一, 生二, 生三, 生萬物(생일, 생이, 생삼, 생만물) : 도의 역할 발전과정을 숫자로 보여주고 있다.
- 抱陽(포양) : 양기를 껴안고, 음양도리를 이 장에서 전개하여 도의 기능적 역할을 말하고 있다.

모든 사람이 싫어하는 바 그 내용은
외로움, 모자람, 쭉정이, 이 셋이니
군왕은 자신을 겸손하게 말할 때
이 셋 중의 한 말을 즐겨 쓴다

그것은 모든 것을 줄이면 더 많아지고
더 보태려 하면 줄어들게 마련이다
도는 이런 역설적 기능으로
세상만사를 이루어 나간다

도는 무엇이든지 많다 싶으면
확 줄어들게 하고
너무 준다 싶으면
확 늘려 주어 균형을 잡게 해 준다

人之所惡　唯孤寡不穀　而王公以爲稱　故物或損之而益　或益之而損
인지소오　유고과불곡　이왕공이위칭　고물혹손지이익　혹익지이손

- 所惡(소오) : 싫어하는 것은, 싫어하는 바
- 孤寡不穀(고과불곡) : 외로움, 모자람, 쭉정이 이 셋은 모두 도의 서로 다른 면모로 나타난 것이다.
- 而損(이손) : 덜어준다. 줄인다.

42-3

남들이 가르치는 것을
나 또한 가르치고 있다
억센 힘을 가진 자는 제 명대로
잘 살지도 못하고 만다

나 또한 이 말씀 그대로
가르침의 본보기로 삼아
배움의 아비로 여길 것이다
대인관계를 현명하게 잘 해야 한다

도는 언제 어디서나 변화하여
때로는 적응을 잘 하고
때는 투쟁을 할 때도 있다
그것이 도의 참모습인 것이다

人之所教　我亦教之　强梁者不得其死　吾將以爲教父
인지소교　아역교지　강량자부득기사　오장이위교부

• 所教(소교) : 가르치는 바
• 不得其死(부득기사) : 제 명대로 못 산다.

43-1

세상에 가장 유약하고 부드러운 것이
물이 아니던가? 그것이 세상에서
가장 단단한 금석 위를
마음대로 달리고 있구나!

없는 듯이 있고 제 모습도 다 없으면서
틈도 없는 가장 단단한 것을 파고들어
무위(無爲)로 유익하게 하는구나!
물은 정말 도에 가깝구나!

물은 늘 제 모양도 없고
제 고집도 굳어 있지 않고
늘 자유롭게 휘젓고 다니지만
겸손하여 낮은 데로만 가는구나!

天下之至柔　馳騁天下之至堅　無有入無間　吾是以知無爲之有益
천하지지유　치빙천하지지견　무유입무간　오시이지무위지유익

- 至柔(지유) : 가장 온유하다. 유약하다.
- 至堅(지견) : 가장 단단하다. 견고하다.
- 無有(무유) : 없음같이 있는 것
- 無爲(무위) : 물의 흐름을 비유한 말

43-2

말을 삼가는 가르침이
물 흐르듯 무위로도 유익하니
천하에 물을 따를 만 한 것이
또 무엇이 있겠는가!

아무것도 없는 것이
가져다주는 그 이로움이
세상에 또 무엇이 이만한 것이 있겠느냐?
이 경지에 도달한 것이 정말 드물구나!

다스리는 자의 회신을 두고
노자는 물에 비유하여 말한다
일정한 형체도 없고 유약한 것이
가장 단단한 것을 파고드는 힘이 있다 했다

不言之敎　無爲之益　天下希及之
불언지교　무위지익　천하희급지

• 不言(불언) : 무언(無言)
• 無爲(무위) : 물같이, 아무것도 아닌 듯이 모든 일을 하고, 하는 것 같지도 않게 다하는 것

44-1

명예와 목숨 중 어느 것이
더 절실하게 내게 필요할까?
목숨과 재물 중 어느 것이
내게 더 소중할까?

웃기는 질문일지 모르나
명예 얻는 것과 생명 잃는 것
이 둘 중에 어느 쪽이 더 큰 괴로움인가?
이 대답이 곧 그 사람 인품이 된다

노자는 이 장에서 자기 절제를
가르치고 있다. 도덕경에서
노자는 철저한 금욕주의도 아니고
더더욱 쾌락주의도 아니다

名與身孰親　身與貨孰多　得與亡孰病
명여신숙친　신여화숙다　득여망숙병

- 名與身(명여신) : 명예와 생명, 명예와 육신(몸-생명)
- 孰多(숙다) : 더 소중한가?
- 孰病(숙병) : 더 괴로운가?

44-2

그러니 지나치게 명예를 좋아하면
반드시 본성을 크게 손상하게 된다
또 재물을 너무 쌓아두면
반드시 잃어버리게 된다

자본주의사회가 팽창하여
인간의 욕망이 무한으로 커졌으나
인간 본연의 모습에는
하나도 달라진 게 없다

회남자의 글에 노나라 재상인
공의휴(公儀休)와 잉어 두 마리 이야기
어느 날 제자와 담소 자리에 누가 와서
잉어 두 마리를 주고 가나 곧 되돌려 주었다는 것이다

是故甚愛必大費　多藏必厚亡
시고심애필대비　다장필후망

- 甚愛(심애) : 몹시 좋아하다. 공의휴가 물고기 요리를 좋아함을 알고 뇌물로 바친 것을 되돌려 보내고 후환을 걱정했다는 이야기가 있다.
- 厚亡(후망) : 엄청나게 많이 잃어버리다.

44-3

많고 적음에 상관없이
만족할 줄을 알면
치욕을 당하지 않을 것이다.
욕심을 다스릴 줄을 아니까!

멈출 줄을 알고 나면
위태로운 일은 당하지 않는다
그래서 오래오래 보존할 수 있다
자기 보호를 아는 사람이니까!

나랏일은 그만한 수준에서
섬길 줄을 알아야 제대로 한다
그것은 보자란 사람이
더 날뛰니까 문제가 커진다

知足不辱　知止不殆　可以長久
지족불욕　지지불태　　가이장구

• 知足(지족) : 만족할 줄 아는 것은 인격의 도야에서 생기는 자기 기준이다.
• 知止(지지) : 멈출 줄을 알면

45-1

최고로 완성해 놓은 것이라도
다시 보면 마치 결함이 있는 듯하다
아무리 사용해도 부서지지 않는 듯하고
최고로 꽉 채울 것이라도 텅 빈 것 같구나!

쓰고 또 써도 결코 다함이 없는 듯
그것이 바로 도인 것이다
인간은 아무리 완벽하게 한다 해도
어딘가 결함이 있게 마련이다

그래서 인간은 그 자체가
늘 미완성으로 남아서
갈고 닦는 도로써 채워가는
모두의 부족함을 지닌 것이 아닐까?

大成若缺　其用不弊　大盈若沖　其用不窮
대성약결　기용불폐　대영약충　기용불궁

• 若缺(약결) : 마치 결함이 있는 것 같다.
• 若沖(약충) : 마치 텅 빈 것 같다.

45-2

대단히 곧은 것은 마치 구부러진 듯하고
대단히 정교한 것은 마치 엉터리로 보일 듯하다
최고로 말 잘하는 것은 마치 말더듬이가
중얼거리는 듯하구나!

아주 완벽한 것이
때로는 가장 허술할 때가 있고
정말 빈틈 없는 것이
때로는 볼품 없는 듯하다

그래서 사람은 늘 쉬임 없이
자기 수양에 힘써 나가야 하고
도를 가까이 하는 이는
마음을 비우고 겸허하게 된다

大直若屈　大巧若拙　大辯若訥
대직약굴　대교약졸　대변약눌

- 若屈(약굴) : 마치 구부러진 듯하다.
- 若拙(약졸) : 마치 졸렬한 듯하다.
- 若訥(약눌) : 마치 말더듬이 같다.

45-3

고요함이 시끄러운 것을 이겨낸다
추위가 차라리 더위를 이겨내고
청정하고 맑음이
천하를 올바르게 한다

차분해야 열기에 들끓는
들뜬 것들을 능히 이겨내고
부지런히 몸을 놀리면
추위 같은 건 이길 수 있다

도를 얻은 이는 늘 차분하게
자기수양을 지켜 나가고 있다
마음은 겸손으로 비우고
삶은 열심으로 이겨 나간다

靜勝躁　寒勝熱　淸靜爲天下正
정승조　한승열　청정위천하정

• 勝躁(승조) : 시끄러운 걸 이긴다.
• 勝熱(승열) : 뜨거운 걸 이긴다.
• 淸靜(청정) : 맑고 깨끗함이

46-1

세상에 도가 제대로 있다면
군대의 말까지도 밭갈이를 할 것이다
그런데 세상에 도가 없으면
새끼 밴 말 암컷도 전쟁에 나갈 것이다

전쟁에서 암컷은 새끼를 낳으니
그 번거로움을 어찌하랴!
노자는 30~31장에서도
전쟁 이야기를 했다

전쟁 좋아할 사람이 어디 있으랴만
무분별한 전쟁으로 군왕의
욕망을 채우는 것은 범죄로 볼 수 있다
어찌할 길 없는 악이 전쟁에 있다

天下有道 却走馬以糞 天下無道 戎馬生於郊
천하유도 　각주마이분 천하무도 　융마생어교

- 有道(유도) : 세상에 도가 자리 잡으면
- 無道(무도) : 세상에 도가 사라진다면

46-2

만족할 줄 모르는 것보다
더 큰 불행이 없고
탐욕보다 더한
죄악이 어디 있겠느냐?

인간 욕망 무한이니
그 욕망을 재갈 물려서
멈추게 해야지 그렇지 않으면
온 나라가 불행해진다

스스로 만족할 줄 아는 것이
도를 따르는 사람의 자세요
만족을 모르고 지나치면
불행의 뿌리가 깊어지는 것이다

禍莫大於不知足　咎莫大於欲得
화막대어부지족　구막대어욕득

• 禍莫大(화막대) : 막대한 화를 일으킨다.
• 咎莫大(구막대) : 막대한 죄가 된다.

46-3

그러므로 만족할 줄 알아야지
만족을 모르고 욕망을 그치지 않으면
전혀 만족이 없고
만족을 아는 만족이 영원한 만족이다

만족은 많고 적음에서 오지 않고
되고 안 되고에서 받는 것이 아니다
도가 심중에 있으면
그것이 바로 만족을 알게 한다

만족을 모르는 욕구는
꺼질 줄 모르는 불길이요
그칠 줄 모르는 물너울이다
가장 무서운 자기 파멸이 된다

故知足之足　常足矣
고지족지족　상족의

- 知足(지족) : 만족을 제대로 알다.
- 常足(상족) : 영원한 만족이 된다.

47-1

바깥출입 하지 않아도
세상 물정을 다 알 수 있고
창문으로 내다보지 않아도
하늘의 이치(道)를 알 수 있다

생각이 도에 머무르면
세상 지식을 저절로 환하게 알고
세상 돌아가는 바람만 봐도
모르는 것이 없는 이가 된다

세상 만물은 그 형체는 달라도
그 내면의 공통점은 알기 때문에
도인은 세상을 꿰뚫듯이 알고
모든 것을 그에 대비하고 있다

不出戶　知天下　不窺牖　見天道
불출호　지천하　불규유　견천도

• 不出(불출) : 문 밖을 나가지 않아도
• 不窺(불규) : (창틈으로) 엿보지 않아도

47-2

밖으로 나서는 길이 멀면 멀수록
아는 것은 그만큼 줄어든다
설치지 말고 관찰해야지
밖으로 만들면 잘 알 수가 없다

잘못하다가는 우물 안 개구리가
될 염려도 있는 사실이지만
달은 한번 뜨면 1천 개의 강물에
달이 똑같이 뜨는 것이다

도는 하나에서 1천을 알 수 있고
보이지 않는 세계까지도
다 알 수 있는 깨달음을
안으로 지니고 사는 것이다

其出彌遠　其知彌少
기출미원　기지미소

- 其出(기출) : 나가면 나갈수록
- 其知(기지) : 알 수 있다.

47-3

그러니 성인은 가보지 않고도
다 아는 법이 있고
안 보고도 잘 살필 수가 있다
아무것도 안 해도 이루고야 만다

세상 이치에 밝으면
굳이 바라지 않아도 알 수 있다
누구나 태극의 이치를 알면
허상에 불과한 그림자에 마음 안 준다

세상 이치는 하나이니
보이는 것이 달라서 그 진실은
늘 같은 하나일 뿐이다
그 근본을 알면 다 알 수 있는 것이다

是以聖人　不行而知　不見而明　不爲而成
시이성인　불행이지　불견이명　불위이성

- 不行(불행) : 가보지 않고서도
- 不見(불견) : 안 보아도
- 不爲(불위) : 아무것도 하지 않아도

48-1

학문에 힘쓰면 나날이 학식이 늘어나고
공부하는 노력이 사람을 더 학식 많게 한다
도를 닦는 애씀이 클수록
학식은 날로 줄어들게 마련이다

학문은 마음에 지식을 쌓게 하지만
도는 오히려 마음을 비우게 한다
바람이 없어지면 무엇이든지
못 이루는 것이 없게 된다

학문은 세상 지식을 더해주고
지식은 많이 쌓이지만
그것은 절대적인 진리에 대한
참된 지식은 못 되는 것이다

爲學日益　爲道日損
위학일익　위도일손

- 爲學(위학) : 학문을 닦다.
- 爲道(위도) : 도를 닦다.
- 日益, 日損(일익, 일손) : 날로 늘어나고, 날로 줄어든다.

48-2

이렇게 외면적인 학식이
줄어들고 또 줄어들면
마침내 바람이 없는
경지에 이르게 되는 것이다

도를 닦는 일이 얼마나 이로운지!
세속적 학문은 세상만물에 대한
지식을 얻게 해줄 뿐이다
그러나 이 지식은 절대적 진리는 아니다

도에 대한 지식은 속된 지식을
차라리 다 잊어버려야 하는
참된 진리를 위한 노력으로
나타나는 것이 중요하다

損之又損　以至於無爲
손지우손　이지어무위

• 損之(손지) : 줄어든다.
• 以至(이지) : 이 지경에 이르다.

48-3

기대하는 것이 없어지면
무엇이든지 이루지 못하는 것이
없게 되고 말 것이다
학문한다고 다 정답을 얻는 게 아니다

사회구조나 본인의 능력상의 한계가
엄청나게 증폭된 욕망을
충족시켜 주기가 어렵다
그러니 학문에 힘쓸수록 무력감이 생긴다

몸은 여기에 있어도
마음은 이미 목적지에 가 있고
기대하는 것이 실제는
아무 것도 못 되는 것일 때가 있다

無爲而無不爲
무위이무불위

- 無爲(무위) : 기대함이 없어진다.
- 不爲(불위) : 이루지 못할 것

48-4

세상을 다 얻으려면
반드시 괜한 일을 벌이지 않도록
자신을 돌아봐야 할 것이다
누구든지 일을 벌이면 더 어렵게 된다

세상을 얻기 어렵게 될 때는
도를 따르는 것이 장차
세상을 얻게 되는 길이다
방해는 욕망이 풍선같이 늘어남이다

위는 구한다는 의미와 같아서
무위는 도의 길인데
학문 세계와는 다른 것이니
노력의 대가만큼 지식이 는다

取天下常以無事　及其有事　不足以取天下
취천하상이무사　급기유사　부족이취천하

• 常以(상이) : 언제나 일이 되다.
• 及其(급기) : 대처하게 되다.
• 以取(이취) : 차지하게 되다.

49-1

성인은 늘 마음을 비우고
고정된 사심을 갖지 않는다
그리고 백성의 마음을
자신의 마음으로 삼고 있다

착한 사람에게도
착하지 못한 사람에게도
늘 착하게 대하고 있다
성인의 덕이 그만큼 착한 것이다

진실한 사람에게도
진실치 못한 사람에게도
성인의 덕이 진정으로
진실하기 때문이다

聖人無常心　以百姓心爲心　善者吾善之　不善者吾亦善之　德善
성인무상심　이백성심위심　선자오선지　불선자오역선지　덕선
信者吾信之　不信者吾亦信之　德信
신자오신지　불신자오역신지　덕신

• 善之(선지) : 착하게 대하다.　　• 信之(신지) : 신실하게 대하다.
• 德信(덕신) : 덕이 진정 신실하다.

49-2

성인이 세상을 살아갈 때는
사람들의 욕심을 줄어들게 하고
천하를 위해서 그 마음을
도에 하나가 되게 했다

백성의 눈과 귀가
모두 그에게 다 쏠려서
성인은 백성을 모두
어린이같이 되게 했다

성인 생각에는 백성이
가장 존귀하고
나라가 그 다음이며
군주는 가장 낮게 하찮게 여긴다(5장)

聖人在天下　歙歙焉　爲天下渾其心　百姓皆注其耳目　聖人皆孩之
성인재천하　흡흡언　위천하혼기심　백성개주기이목　성인개해지

• 渾其心(혼기심) : 혼연일체가 되다.
• 注(주) : 쏠리게 되다.

50-1

삶에 대한 미련에서 벗어나
죽음의 길로 뛰어드는 수가 있다
제 수명 다 사는 이는
열 명 가운데 셋뿐이다

장수를 누릴 사람이 잘못하여
죽음으로 들어가는 이도
역시 열에 셋뿐이다
그 까닭이 무엇인가?

그것은 지나치게 오래 살려고
다들 애쓰기 때문이다
오래 살겠다는 노력으로
일찍 죽게 되는 것이다

出生入死　生之徒十有三　死之徒十有三　人之生　動之於死地
출생입사　생지도십유삼　사지도십유삼　인지생　동지어사지
亦十有三　夫何故　以其生生之厚
역십유삼　부하고　이기생생지후

- 十有三(십유삼) : 열에 셋뿐이다.
- 夫何故(부하고) : 그 까닭이 무엇이냐?

50-2

이런 말을 들었다
제 목숨 잘 지키는 이는
산속을 가도 코뿔소나 범을
피해 가지 않는다

그런 이는 군대에 가서는
갑옷 입거나 병기를 들지도 않는다
코뿔소는 뿔질 할 데가 없고
범은 발톱 할퀼 데도 없다 한다

도대체 어째서 그럴까?
그런 사람에게는
죽는 곳이란 아예
아무 데도 없는 것이다

蓋聞善攝生者 陸行不遇兕虎 入軍不被甲兵 兕無所投其角 虎無所用其爪
개문선섭생자 육행불우시호 입군불피갑병 시무소투기각 호무소용기조
兵無所容其刃 夫何故 以其無死地
병무소용기인 부하고 이기무사지

- 蓋聞(개문) : 이런 말을 들었다.
- 兕虎(시호) : 코뿔소와 범(호랑이)
- 不被(불피) : 피해가 전혀 없다.

188

51-1

도(道)는 만물을 낳고
덕은 그 만물을 길러낸다
만물은 모양새를 갖추고
세(勢)는 만물을 이루어낸다

이런 까닭으로 만물은 도를 존중하고
덕을 귀하게 여긴다
도의 존귀함과 덕의 귀중함이
남이 시켜서가 아니고 언제나 스스로 한다

만물을 낳아주고 자라는 과정에서
도의 역할과 그 신바람에 대하여
보장은 말해주고 있다
비유하면 도는 남자, 덕은 여자이다

道生之 德畜之 物形之 勢成之 是以 萬物 莫不尊道而貴德
도생지 덕축지 물형지 세성지 시이 만물 막부존도이귀덕
道之尊 德之貴 夫莫之命而常自然
도지존 덕지귀 부막지명이상자연

• 生, 畜, 形, 成(생, 축, 형, 성) : 태어나게 하고, 길러주고, 모양을 갖추고, 이루어 나간다.
• 命而(명이) : 강요에 의하다.

51-2

그런 고로 도는 만물이 생겨나게 하고
덕은 만물을 보살펴 키운다
더 성숙하게 하고 크게 달라지게 하며
언제나 감싸주고 보호해 준다

도와 덕은 마치 손등과
손바닥 같아서 늘 하나가 되어
돕고 보살피는 관계를 가진
사람에게는 절대로 필요한 것이다

도의 신비로움은 먼저 무위에서
비롯되어 사람을 변화시킨다
도를 우러러 사모하고
도에 명예를 부여하는 것이다

故道生之 德畜之 長之 育之 亭之 毒之 養之 覆之
고도생지 덕축지 장지 육지 정지 독지 양지 복지

• 毒之(독지) : 기르다, 화육하다.
• 覆之(복지) : 감싸주다.

도는 만물이 생겨나게 하면서도
소유하지는 않는다
일이 되게 하면서도
자랑하지는 않는다

자라나도록 돌봐 주면서도
지배하지는 않는다
이런 일들을 일컬어
신비로운 덕이라 한다

사람이 목표를 정하고
10년을 정진하면
반드시 빛을 보게 된다
그것은 그 사이에 도를 만나기 때문이다

生而不有　爲而不恃　長而不宰　是謂元德
생이불유　위이불시　장이부재　시위현덕

• 不有, 不恃, 不宰(불유, 불시, 부재) : 존재하게 하고, 자기 것으로 하지 않고, 자랑하지
　않는다. 도의 모습을 말한다.

52-1

세상은 태초가 있으니 그것이
바로 천하의 어머니라 할 것이다
그 어머니가 되는 존재를 알면
그 아들인 피조물을 알 수 있다

창조해주신 하나님을 알고 나면
하나님께 다 돌아가야 함을 알 수 있다
아들이 어머니에게 돌아가야 하듯이
피조물은 하나님께로 돌아가야 한다

그곳만이 근원이 있고
죽음의 두려움을 이기는
생명의 축복을 받는다
그것이 도의 원하는 길이다

天下有始 以爲天下母 旣得其母 以知其子 旣知其子 復守其母 沒身不殆
천하유시 이위천하모 기득기모 이지기자 기지기자 복수기모 몰신불태

- 沒身(몰신) : 종신토록
- 不殆(불태) : 위태롭지 않다.

52-2

탐욕의 구멍을 틀어막고
정욕의 문을 닫아버리면
평생토록 곤고한 일이 없겠고
안정과 평안을 누린다

그러나 탐욕과 정욕의 문을 열고
그것을 충족시키려고 애쓴다면
한 평생을 그 구렁에서 허덕이고
구제받을 길이 없을 것이다

이 장에서는 도와 만물의 관계를
말해주고 있다. 그리고
자기 수양의 길을 이야기하며
어머니 찾듯 도를 찾으라 한다

塞其兌　閉其門　終身不勤　開其兌　濟其事　終身不救
새기태　폐기문　종신불근　개기태　제기사　종신불구

• 不勤(불근) : 피곤치 않다.
• 其兌(기태) : 기꺼이 만족하려 한다.

193

52-3

보잘 것 없는 것을 보는 것은 밝음이고
유약한 것을 지키는 것이 강한 것이다
빛을 속으로 비추어 현상계를 밝게 하면
다시 속으로 가서 도를 보는 밝음을 간직한다

자기 자신에게 재앙을 가져오는 일은
전혀 없을 것이니 이것은
영원히 변치 않는 도를
따르고 실천하는 것이 된다

1973년 중국 후난성 장사에서
마왕퇴 3호 고분에서 백서본이
발굴되어 도덕경이 도교와의
관계가 깊음을 알게 했다

見小曰明　守柔曰强　用其光　復歸其明　無遺身殃　是謂襲常
견소왈명　수유왈강　용기광　복귀기명　무유신앙　시위습상

- 曰明(왈명) : 밝음이라 일컫고
- 曰强(왈강) : 강하다 말한다.
- 身殃(신앙) : 자신에게 재앙을

53-1

나를 이끌어 깨닫게 해준다면
대도의 길을 갈 것이다
그리고 옆길로 빠지지 않으려고
경계하며 갈 것이다

대도는 정말 평탄한 길인데
사람들은 샛길을 좋아하는구나
평범한 것이 싫어서
일부러 고생길로 가는 이가 있겠느냐?

통치자들의 그릇된 생각으로
권력과 재물을 다 가지려고 하는
어리석은 길로 가는 것은
크게 위험한 것이다

使我介然有知　行於大道　唯施是畏　大道甚夷　而民好徑
사아개연유지　행어대도　유시시외　대도심이　이민호경

- 使我(사아) : 나로 하여금 ~시킨다면
- 甚夷(심이) : 지극히 평탄하다.

53-2

조정의 벼슬아치들이
속속들이 썩어 부패했으니
논밭이 버려지고
창고는 먼지만 쌓였구나!

그래도 벼슬아치들은
화려한 옷을 걸쳐 입고
날카로운 칼을 허리에 차고는
먹는 것에는 지겹도록 삼키는구나!

재물은 넘치도록 쌓이고
하는 짓은 도적놈의 두목이구나!
이런 짓거리가 바로
도에 어긋나는 일이 아니겠느냐!

朝甚除　田甚蕪　倉甚虛　服文綵　帶利劍　厭飮食　財貨有餘
조심제　전심무　창심허　복문채　대리검　염음식　재화유여
是謂盜夸　非道也哉
시위도과　비도야재

- 甚除(심제) : 주심하게 썩었다.
- 文綵(문채) : 화려한 옷
- 盜夸(도과) : 도적놈의 두목

54-1

마음속 깊이 세운 도는
결코 뽑히지 않는 법이다
잘 보듬고 있는 덕은 빠지지 않고
그 자손들이 대를 잘 이을 것이다

도를 잘 세워두고
덕을 꼭 껴안고 있으면
자신과 후손이 다 복을 받아
집안이 융성하게 될 것이다

노자는 다른 철학자와는 달리
전통적인 외부에 대한 관찰이나
그 가치는 중요하게 여기지 않았다
안으로의 성실을 추구한 것이다

善建者不拔　善抱者不脫　子孫以祭祀不輟
선건자불발　선포자불탈　자손이제사불철

- 善建(선건) : 마음속에 도를 잘 세우다.
- 善抱(선포) : 가슴에 덕을 껴안고 있다.
- 不輟(불철) : 철은 절(絕), 제사가 끊이지 않는다. 후손이 잘 되다.

54-2

도로 수양하면 덕은 진실해지고
또 도로 집안을 다스리면
덕이 넘쳐날 것이다
도로 고을을 다스리면 덕이 오래간다

그 도로 나라를 다스리면
덕은 놀랍게 풍성해 질 것이고
그 도로 천하를 다스리면
덕이 두루두루 널리 미치게 된다

여기 본문에서 나라를 뜻하는 글자는
휘(諱)와 관련이 있는 것이다
한고조(漢高祖)는 휘가 방(邦)이다
그래서 기록 시기에 따라 방도 되고 국도 된다

修之於身 其德乃眞 修之於家 其德乃餘 修之於鄕 其德乃長 修之於國
수지어신 기덕내진 수지어가 기덕내여 수지어향 기덕내장 수지어국
其德乃豊 修之於天下 其德乃普
기덕내풍 수지어천하 기덕내보

- 修之(수지) : 도를 닦고 수양하면
- 於家, 於鄕, 於國, 於天下(어가, 어향, 어국, 어천하) : 집안을, 고을을, 나라를, 천하를, 통치의 범위

54-3

그래서 이런 말이 생겼다
내 몸에 있는 도와 덕으로
남의 몸을 바라보고
그 의미를 알아본다

내 집의 도와 덕으로
남의 집을 바라보면서
내 고을의 도와 덕으로
남의 고을을 바라본다

그리고 내 나라의 도와 덕으로
남의 나라를 보면서
내 천하의 도와 덕으로
또 천하를 보아야 한다

故以身觀身　以家觀家　以鄕觀鄕　以國觀國　以天下觀天下
고이신관신　이가관가　이향관향　이국관국　이천하관천하

- 以身, 以家, 以鄕, 以國, 以天下(이신, 이가, 이향, 이국, 이천하) : 내 몸의 것으로, 내 집의 것으로, 내 나라의 것으로, 내 천하의 것으로
- 觀(관) : 바라본다.

54-4

내가 무엇으로
천하가 그렇게 돌아가는 것을
알 수 있겠느냐?
바로 이 도의 무한한 것으로 알 수 있다

도를 닦고 수양하는 범위를
나라 넓이로 나가는 것은
큰 의미가 없는 것이다
오로지 자신의 중심의 도가 문제다

도를 따라서 다스리는 것은
자신, 집안, 고을, 나라를
가릴 것 없이 그 중심은
도가 주관하는 것이다

吾何以知天下然哉　以此
오하이지천하연재　이차

• 吾何(오하) : 내가 무엇으로 하랴!
• 以此(이차) : 바로 이것이다.

55-1

후한 덕을 가진 이는 벌거숭이 아기에
비할 만하다. 땡벌이나 전갈,
살모사나 그 어떤 맹수도
물지 못하는 것이다

독수리나 그 어떤 짐승도
결코 해치지 못 한다
생명을 해치는 밖의 짐승들이
후덕한 이를 해치지 못 한다

덕을 쌓은 이는 원수가 없다
모두가 좋아하고 반기는 벗이다
삶의 조건으로 이런 사연은
덕을 쌓은 이에게만 있는 것이다

含德之厚　比於赤子　蜂蠆虺蛇不螫　猛獸不據　攫鳥不搏
함덕지후　비어적자　봉채훼사불석　맹수불거　확조불박

- 赤子(적자) : 벌거숭이, 갓난아기
- 不搏(불박) : 덮치거나 채가지 못 한다.

55-2

뼈대는 유약하고 근육은 부드럽다

오므리는 힘은 굳세고

암수의 교합은 모르지만

성기가 일어나 강하여 있다

정기는 넘쳐 흐르고

종일 울어도 목 쉬지 않으며

음양의 기운이 조화를 이루고 있다

조화는 안정을 가져온다

무위의 처세는 태초의 상태로

되돌아가는 도의 힘이 있다

도는 우주의 법칙을 지니고 있다

그래서 도에 어긋나면 불행해진다

骨弱筋柔而握固　未知牝牡之合而全作　精之至也　終日號而不嗄　和之至也

골약근유이악고　미지빈모지합이전작　정지지야　종일호이불사　화지지야

• 握固(악고) : 오므리는 힘이 있다.
• 牝牡(빈모) : 암컷과 수컷

55-3

음양의 조화를 아는 것이
상(常)인데 도를 일컫는다
상을 아는 것이 명(明)인데
조화의 이치에 밝은 사람이다

또 억지로 오래 살려는 것은
상(祥)인데 흉함을 일컫는다
제 욕심으로 기운 부리는 것은
강(强)이라 억센 것이다

이 장에서 도를 따르면
어린 아기가 되라는 것이다
도의 신비한 징조도
알아야 한다는 것이다

知和曰常　知常曰明　益生曰祥　心使氣曰强
지화왈상　지상왈명　익생왈상　심사기왈강

• 知和(지화) : 음양의 조화를 알다.
• 心使氣(심사기) : 욕심으로 정기를 부리다.

55-4

만물은 기세가 왕성해도
무리를 하면 노쇠하는 법이다
그 까닭은 도를 따르지 않음이다
이것이 무위자연의 도에 어긋남이다

누구든지 무엇이든지
도에 어긋나면
곧 망하는 법이다
어서 멈추어야 한다

황제내경이란 책에는
음양오행설의 원리를
인체의 각부 경락에 적용하여
311가지 증상을 말한다

物壯則老　謂之不道　不道早已
물장즉로　위지부도　부도조이

- 物壯(물장) : 만물이 기세가 왕성해도
- 不道(부도) : 도를 따르지 않는다면
- 早已(조이) : 어서 멈추어야 한다.

56-1

도를 깨우친 이는 말이 없고
깨닫지 못한 이는 떠벌이가 된다
도통한 이는 정욕을 틀어막고
탐욕의 문을 닫는다

모가 난 부분은 무디게 하고
마음에 뒤엉킨 것을 풀어 버린다
좀 아는 것을 내세우지 않고
다른 이들과는 잘 어울린다

이런 경지를 도와 일체되는
현동(玄同)이라 한다
말 많은 이도 진짜 아는 게 없고
남을 평가하는 이는 대개 바르지 못하다

知者不言 言者不知 塞其兌 閉其門 挫其銳 解其紛 和其光
지자불언　언자부지　새기태　폐기문　좌기예　해기분　화기광
同其塵　是謂玄同
동기진　시위현동

- 知者(지자) : 여기서는 도를 깨우쳐 아는 이를 가리킨다.
- 其兌, 其門, 其銳, 其紛, 其光, 其塵(기태, 기문, 기예, 기분, 기광, 기진) : 구멍 막고,
  문 닫고, 무디게 하고, 풀어 주고, 내세우고, 어울린다.

56-2

그런 고로 이런 경지에 이른 이는
쉽게 친해질 수도 없고
아주 멀어질 수도 없다
이롭게도 할 수가 없다

그렇다고 해롭게도 할 수 없고
존귀하게 높이지도 못하고
천박하게 낮출 수도 없는 것이다
그래서 천하에 가장 존귀한 이가 된다

도를 따르는 이는 가벼이
대해서도 안 되는 것이고
너무 경건하여 멀리 할 수도 없다
오로지 진실된 만남이 중요한 것이다

故不可得而親　不可得而疏　不可得而利　不可得而害　不可得而貴
고불가득이친　불가득이소　불가득이리　불가득이해　불가득이귀
不可得而賤　故爲天下貴
불가득이천　고위천하귀

• 不可得(불가득) : 얻을 수도 없다.
• 故爲(고위) : 그러므로 ~해야 한다.

57-1

정도로써 나라를 다스려야 하고
기발한 작전으로 병사를 거느리며
천하를 얻는 길은 반드시
무위무사(無爲無事)로 해야 한다

우리는 이제 어떻게 이것을
알 수 있는 길이 있을까?
권세는 하늘이 주신 것이라 믿고
공정으로 다스려야 한다

무위는 직위도 없고 조건도 없다
그냥 바람 부는 대로
해가 뜨고 지는 대로 맡기되
하늘의 뜻을 따르는 것이다

以正治國　以奇用兵　以無事取天下　吾何以知其然哉　以此
이정치국　이기용병　이무사취천하　오하이지기연재　이차

• 以正, 以奇, 以無(이정, 이기, 이무) : 정도(正道)로 하고, 기발한 작전으로, 아무 것도
없는 듯이 있게 하고

57-2

세상에 삼가야 할 것이
많을수록 백성은 가난해지고,
벼슬아치가 잔꾀를 부릴수록
나라는 더욱 어지럽게 된다

간교한 수단을 많이 쓸수록
세상은 점점 고약해지고
사건은 자꾸 여기저기서 터진다
세상은 더욱 편치 않게 된다

법령이 많고 다양할수록
도둑은 더 득실거리고
세상은 더욱 까다로워
살기가 힘들게 된다

天下多忌諱　而民彌貧　民多利器　國家滋昏　人多伎巧　奇物滋起
천하다기휘　이민미빈　민다리기　국가자혼　인다기교　기물자기
法令滋彰　盜賊多有
법령자창　도적다유

- 伎巧(기교) : 간교한 꾀를
- 滋彰(자창) : 다양하고 많아지다.

57-3

그러므로 성인은 말했다
내가 잔꾀 안 부리니
백성은 곧 교화가 잘 되고
내가 조용히 지내면 백성은 의롭다

내가 별다른 일을 꾸미지 않으면
백성은 다들 잘 살게 되고
내가 욕심을 부리지 않으니
백성은 더욱 순박해진다

벼슬아치들이 국민에게
불간섭, 자유방임 하는 것도
한 통치방법일 수 있다
그러나 도가 있어야 가능하다

故聖人云　我無爲而民自化　我好靜而民自正
고성인운　아무위이민자화　아호정이민자정
我無事而民自富　我無欲而民自樸
아무사이민자부　아무욕이민자박

- 無爲(무위) : 아무 잔꾀를 부리지 않는다.
- 自化, 自正, 自富, 自樸(자화, 자정, 자부, 자박) : 저절로 교화되고, 저절로 정의롭고,
  저절로 부자되고, 저절로 순박해진다.

58-1

정치가 엉성해질수록
백성은 더 순박해진다
정치가 잔꾀를 부릴수록
백성은 교활해지고 만다

정치판이 세심해지면
나라는 점점 영악스러워지고
정치사회의 양면성이나
가변성이 있음을 통치자는 알아야 한다

사람들은 진리나 정의는
영원히 변치 않는 줄로 믿지만
정치판은 냄비처럼
끓다가도 곧 식어버린다

其政悶悶 其民淳淳 其政察察 其民缺缺
기정민민　기민순순　기정찰찰　기민결결

- 悶悶(민민) : 깊고 어둡다. 엉성하다.
- 察察(찰찰) : 세심하다. 잔꾀 부리다.

58-2

재앙 속에도 축복이 들어있고
축복 속에도 재앙이 숨어있다
어느 누가 종말을 내다보겠느냐?
세상에는 영원한 올바름은 없다

오늘에 올바른 것이 내일에는
사악한 것이 될 수도 있고
훌륭했던 것이 요사스런 것이 되기도 한다
세상의 흐름이 그렇게 돌아갈 때가 있다

이런 이치를 모르고는
미혹한 데서 빠져나오기 어렵다
다 잘 된 줄 알았는데
싹 뭉개져 버릴 때가 얼마나 많더냐!

禍兮福之所倚　福兮禍之所伏　孰知其極　其無正　正復爲奇
화혜복지소의　복혜화지소복　숙지기극　기무정　정복위기
善復爲妖　人之迷　其日固久
선복위요　인지미　기일고구

- 禍兮, 福兮(화혜, 복혜) : 재앙 속에, 축복 속에
- 正復, 善復(정복, 선복) : 올바름 속에, 훌륭함 속에

58-3

그러니 성인은 자신이
반듯하다 해서
남을 잘라버리지 않고
억지로 반듯하게 하지 않는다

자신이 깨끗하게 살았다 해서
남을 상심케 칼질하지 않는다
자신이 곧은 삶을 산다고
남에게 강요하지도 않는다

자신이 빛이 난다 해서
남을 눈부시게 현혹시키거나
괴롭게 해서는 안 된다고
믿고 일하고 있다

是以 聖人 方而不割 廉而不劌 直而不肆 光而不耀
시이 성인 방이불할 염이불귀 직이불사 광이불요

- 方而(방이) : 방정하다 해서
- 廉而(염이) : 청렴하다 해서, 깨끗하다고

59-1

나라를 다스리고 하늘을 받들어

섬기는 데는 근검절약만한 게 없다

오로지 검소해야만 도에

더 빨리 순응하게 된다

도에 빨리 순응한다 함은

덕을 그만큼 빨리 거듭 쌓는 것이니

덕을 쌓으면 세상에서 더 이상

극복 못 할 것이 없기 때문이다

도를 깨우쳐 한없는 능력을

간직해야 만인의 어버이가 된다

성인도 한 세대가 지나고 나면

거짓이 드러나 부끄러운 이도 있는 것이다

治人事天　莫若嗇　夫唯嗇　是以早服　早服　謂之重積德　重積德
치인사천　막약색　부유색　시이조복　조복　위지중적덕　중적덕
則無不克　無不克　則莫知其極
즉무불극　무불극　즉막지기극

- 治人(치인) : 사람을 다스리다. 나라를 다스리다.
- 莫若嗇(막약색) : 검소한 것보다
- 不克(불극) : 극복하지 못 한다.

59-2

한없는 덕을 간직하고 나면
나라를 차지할 수 있을 것이다
나라 다스림의 근본 도리를 지키면
반드시 오래오래 갈 수 있을 것이다

이를 가리켜 뿌리 깊고
튼튼하다 할 것이다
정말 오래도록 살아가도
도리라고 할 수 있을 것이다

뿌리는 깊고 밑동이 잘 다져져서
생명이 길고 오래토록
살게 하는 도가 될 것이다
만인의 어버이가 되는 것도 절약에 있다

莫知其極　可以有國　有國之母　可以長久　是謂　深根固柢　長生久視之道
막지기극　가이유국　유국지모　가이장구　시위　심근고저　장생구시지도

• 有國之母(유국지모) : 나라의 근본 도리
• 長生久視(장생구시) : 오래 사는 도리

60-1

큰 나라를 다스리는 일은
작은 생선 지지듯이
조심하여 시행해야 한다
나라 일을 요리하듯 해야 한다

보기 좋은 떡이 먹기도 좋다는
옛말은 바로 나라 다스림도
그와 같이 모양새도 좋고
맛도 좋아야 한다는 것이다

요리는 식재료가 좋아야 하고
요리솜씨 또한 좋아야 한다
나라를 다스리는 이는
이런 마음가짐을 가져야 한다

治大國　若烹小鮮
치대국　약팽소선

• 若烹(약팽) : 지지다. 삶다. 요리하다.

60-2

도를 가지고 천하를 다스리면
악한 마귀도 범접치 못하며
참 정신에는 마귀의 시련이 없고
사람을 해치지 못하게 할 것이다

성인은 결코 사람을 해치지 못하므로
마귀도 사람을 해치지 못하므로
모든 덕이 고스란히
백성에게 돌아가게 될 것이다

노자는 나라와 백성을 다스리는 일도
그 이치와 다를 게 없다고 하였다
정치개혁을 시도할 경우도 마찬가지다
최대한의 효과를 창출하려는 것이다

以道莅天下　其鬼不神　非其鬼不神　其神不傷人　非其神不傷人
이도리천하　기귀불신　비기귀불신　기신불상인　비기신불상인
聖人亦不傷人　夫兩不相傷　故德交歸焉
성인역불상인　부량불상상　고덕교귀언

• 以道莅(이도리) : 도를 가지고 임하면
• 其鬼(기귀) : 그 마귀
• 不傷人(불상인) : 사람을 해치지 못 한다.

61-1

큰 나라는 강의 하류 같으니
천하의 모든 나라와 사람들이 모여든다
큰 나라는 세상의 암컷과 같으니
늘 고요하게 수컷을 이긴다

고요하게 몸을 아래로 두고
큰 나라는 겸손하게 자신을
작은 나라 밑에 둠으로써
작은 나라를 얻게 된다

작은 나라도 자신을 큰 나라의
밑에 둠으로써 큰 나라를 얻게 된다
이래서 큰 나라도 겸손으로 얻게 되고
작은 나라도 겸손으로 얻게 된다

大國者下流 天下之交 天下之牝 牝常以靜勝牡 以靜爲下 故大國以下小國
대국자하류 천하지교 천하지빈 빈상이정승모 이정위하 고대국이하소국
則取小國 小國以下大國 則取大國 故或下以取 或下而取
즉취소국 소국이하대국 즉취대국 고혹하이취 혹하이취

• 以靜勝牡(이정승모) : 고요로써 수컷을 이기고
• 或下而取(혹하이취) : 겸손으로 얻게 된다.

61-2

큰 나라는 오로지 모든 나라를 함께
다 같이 백성을 보살피기를 원하고
작은 나라 역시 큰 나라에 합하여
백성을 돌보고자 할 뿐이다

서로가 다 소원을 성취하고자 하면
으레 나라가 스스로 낮추어야 한다
큰 나라라면 남을 합병해서
거느리겠다고 무리해서는 안 된다

남에게 존중하면서 섬기겠다고
무리해서도 안 될 것이고
양쪽이 똑같이 각자 하려는 일을
아무래도 큰 쪽이 자신을 낮추는 편이 낫다

大國不過欲兼畜人　小國不過欲入事人　夫兩者各得其所欲　大者宜爲下
대국불과욕겸축인　소국불과욕입사인　부량자각득기소욕　대자의위하

• 畜人(축인) : 사람을 보살피다.
• 事人(사인) : 사람을 섬기다.

62-1

도(道)는 만물이 우러러 섬기는
주재자이시고, 만물의 속 비밀을
주관하시는 힘이시다. 그리고
착한 사람에게는 고귀한 보배이다

착하지 못한 사람도
그 속에는 도를 다 간직하고 있다
스스로 도가 보배인 줄도
못된 인간들까지도 다 알고 있다

사람은 누구나 장단점을 가지고
사람들 사이에서 살아간다
더러는 선하게 자신을 살리고
더러는 나쁘게 막 사는 자도 있다

道者萬物之奧　善人之寶　不善人之所保
도자만물지오　선인지보　불선인지소보

- 奧(오) : 오묘하다. 깊은 뜻이 있다.
- 所保(소보) : 간직하고 있다.

62-2

도를 터득한 성인의 말씀은
시장에서도 존귀하게 여겨 잘 팔리고
훌륭한 삶은 선물이 되어
남에게도 소중하게 줄 수 있다

착하지 못한 사람도
그것을 거절할 수가 없겠고
천자(天子)가 세우고
삼공(三公)을 두고 나라를 이룬다

그럴 때 아름드리 구슬을 받치고
네 말(4馬) 마차를 진상하기보다도
가만히 앉아 이 도를 바치는 것이
더 바람직하고 좋아할 것이다

美言可以市尊 美行可以加人 人之不善 何棄之有 故立天子 置三公
미언가이시존　미행가이가인　인지불선　하기지유　고립천자　치삼공

雖有拱璧　以先駟馬　不如坐進此道
수유공벽　이선사마　불여좌진차도

• 美言(미언) : 성인의 좋은 말씀
• 美行(미행) : 훌륭한 삶, 행실
• 何棄(하기) : 어찌 거절하리오. 어찌 버리겠느냐.

62-3

옛날 어른들이 도를 귀하게
여기신 까닭이 무엇일까?
이 도에서 구하는 것을 다 얻었고
죄까지도 다 용서를 받았다 했다

그러니 도는 천하에서
가장 귀한 것으로 여겨져 왔다
도의 효용가치는 계산할 수가 없다
무한하고 존귀하기 때문이다

중국인들은 서양인같이
걸터앉아서 밥도 먹고
일을 하는데 한국은
좌식 문화라서 차이가 있는 것이다

古之所以貴此道者何　不曰　求以得　有罪以免邪　故爲天下貴
고지소이귀차도자하　불왈　구이득　유죄이면사　고위천하귀

- 古之所以(고지소이) : 옛 사람들이 그러는 까닭
- 不曰(불왈) : 아무 말 하지 않는다.

63-1

성인은 나라를 다스릴 때
무위(無爲)로써 다스리고
일을 처리할 때는
무사(無事)로써 처리한다

맛을 볼 때는 맛없음을
맛으로 여기고 넘긴다
혀끝의 맛을 위해서 먹지 않고
뱃속을 위해 먹는다

입맛 찾아 1시간씩이나
차를 타고 가서
밥 한 그릇 먹고 오는 이가 많다
맛을 쫓아다니는 것이 장수는 아니다

爲無爲　事無事　味無味
위무위　사무사　미무미

- 爲(위) : 성인이 나라를 다스리는 일
- 無爲(무위) : 아무것도 안 하는 듯이 처리한다.
- 事(사) : 일을 처리하다.
- 無事(무사) : 무위(無爲)로 처리한다.

63-2

작은 것을 크게 하고
적은 것을 많게 본다
원한을 갚되
덕으로 한다

작고 큰 것은 문제시 하지 않고
적고 많은 것이 조건이 안 된다
원수를 갚을 때는
원수를 감동시켜서 갚는다

덕을 베풀어서
원한에 보답하는 것은
성인이라야 할 수 있고
그런 것을 은혜라 한다

大小多少　報怨以德
대소다소　보원이덕

• 以德(이덕) : 덕으로 갚는다.

63-3

어려운 일을 당하면
반드시 그것이 어려울 때 풀고
큰일은 그것이 작을 때
미리 해결해야 한다

세상의 모든 어려운 일은
반드시 쉬운 일에서 비롯되고
세상의 큰일은
반드시 작은 데서 시작한다

그러므로 성인은 끝내
큰일을 하려고 대들지 않고도
능히 큰일을 수월하게
이룰 수가 있는 것이다

圖難於其易　爲大於其細　天下難事　必作於易　天下大事
도난어기이　위대어기세　천하난사　필작어이　천하대사
必作於細　是以聖人　終不爲大　故能成其大
필작어세　시이성인　종불위대　고능성기대

- 圖難(도난) : 어려운 일
- 其細(기세) : 작은 일, 작은 것, 작을 때
- 終不爲(종불위) : 하려 들지 않는다.

63-4

너무 쉽게 승낙하는 사람은
정말 믿기가 어려운 것이다
그것은 쉽게 생각하면
반드시 어려움에 부딪히게 된다

그래서 성인은 모든 것을
어렵게 여기고 있으므로
끝내 어려운 일에 부딪히지 않는다
늘 신중하고 조심하기 때문이다

장난하듯이 세상을 살면
되는 게 아무것도 없게 된다
신중하게 깊이 생각지 않으므로
지나고 보면 된 일이 아무 것도 없다

夫輕諾必寡信　多易必多難　是以聖人猶難之　故終無難矣
부경낙필과신　다이필다난　시이성인유난지　고종무난의

• 輕諾(경낙) : 가볍게 승낙하다.
• 故終無難(고종무난) : 어려운 일에 부딪히지 않는다.

64-1

안정이 되어 가만히 있을 때는
한결 잡고 있기가 쉬운 것이다
어떤 조짐이 나타나기 전에는
도모하여 처리하기가 수월하다

아직 여릴 때는 한결 쪼개기 쉽고
자질구레할 때 흩어 버리기가 쉽다
일이 생기기 전에 처리하기가 좋고
나라는 어지러워지기 전에 다스림이 좋다

무슨 일이든지 해야 할 때는
어떻게 하느냐가 중요한 것이다
아무리 작은 일이라도 첫 시작부터
열정과 최선을 다하는 것이 중요하다

其安易持　其未兆易謀　其脆易泮　其微易散　爲之於未有　治之於未亂
기안이지　기미조이모　기취이반　기미이산　위지어미유　치지어미란

- 易持(이지) : 유지하기가 쉽다. 잡고 있기가 쉽다.
- 易謀(이모) : 처리하기가 쉽다.
- 未亂(미란) : 어지러워지기 전에

64-2

아름드리 나무라도
솜털만한 씨앗에서 자라난다
구층 높은 탑도 한줌의 흙으로 시작되고
천리 길도 한 걸음부터다

시작이 반이라는 말도 있지만
아무리 대단한 것도
시작할 때는 보잘 것 없는 것에서
점점 커진 것이다

이 장에서는 처음과 시작을
정말 중요하고 가치 있는 것으로 본다
위대한 것은 모두 처음에는
보잘 것 없는 것으로 시작된 것이다

合抱之木　生於毫末　九層之臺　起於累土　千里之行　始於足下
합포지목　생어호말　구층지대　기어루토　천리지행　시어족하

- 合抱(합포) : 한아름 되는, 품에 가득한
- 累土(루토) : 한줌의 흙, 한 삼태기의 흙

64-3

억지로 잘 하려 하면 안 된다
꽉 잡을수록 잃어버리고 만다
그러니 성인은 억지로 하려 하지 않아
실패가 없는 것이다

꽉 잡아야겠다고 하지 않으면
잃을 것도 없는 것이다
사람은 자기 생각대로
자기 계획대로만 하려다가 못하고 만다

여기서 천리지행(千里之行)은 본래
백인지고(百仞之高)이다
거리가 아니라 높이를 나타냈고
나중에 인(仞)은 인(仁)으로 바뀐 듯하다

爲者敗之　執者失之　是以聖人無爲　故無敗　無執　故無失
위자패지　집자실지　시이성인무위　고무패　무집　고무실

• 爲者(위자) : 인위적으로, 억지로
• 聖人無爲(성인무위) : 성인의 삶을 말한다.

64-4

사람들이 일을 잘 해나가다가
마무리할 즈음에 이르러 실패한다
끝맺음 할 때 더 신경 써서
삼가면 실패하지 않는다

일이 다 되어갈 무렵에는
마음이 해이해지고
긴장이 풀려서 시작할 때의
조심성이 사라져 실패하기 쉽다

마무리를 잘 하는 사람이
실패 없이 성공한다
마무리할 때도 시작할 때의
그 긴장감을 가지면 성공한다

民之從事　常於幾成而敗之　愼終如始　則無敗事
민지종사　상어기성이패지　신종여시　즉무패사

• 幾成(기성) : 성취할 무렵
• 愼終(신종) : 끝맺을 때 더 신중해야

64-5

그래서 성인은 욕심 부리지 않으려고
스스로 애를 쓴다. 아무리
얻기 힘든 보화라도
귀중히 여기지 않을 때가 있다

박식하려고 더 공부하는 일을
다하지 않으려고 애쓰고
인간의 지나친 욕심을
본심대로 되돌리려 한다

만물의 모습을 자연 그대로
온전히 보존하려고
억지로 힘쓰지 않는다
본 모습을 소중히 여긴다

是以聖人欲不欲　不貴難得之貨　學不學　復衆人之所過
시이성인욕불욕　불귀난득지화　학불학　복중인지소과
以輔萬物之　自然　而不敢爲
이보만물지　자연　이불감위

- 欲不欲(욕불욕) : 욕심내지 않으려 애쓴다.
- 學不學(학불학) : 공부를 더 하려고 애쓰지 않는다.

65-1

옛날부터 도를 잘 닦은 이들은
백성들을 깨우쳐 준 게 아니라
도리어 어리고 순박하게 만들었다
다스리기 어려운 까닭이 있다

백성이 지나치게 영리해지면
다스리는 이는 더 간교한 지혜로
하지 않을 수 없었기 때문이었다
그것이 얼마나 죄스러운 일이던가!

인간의 수단과 간교가 아니라
순박한 도로써 나라를
다스리자는 그 시대 그 나라의
축복이 되는 것이다

古之善爲道者　非以明民　將以愚之　民之難治　以其智多
고지선위도자　비이명민　장이우지　민지난치　이기지다
故以智治國　國之賊　不以智治國　國之福
고이지치국　국지적　불이지치국　국지복

• 非以明民(비이명민) : 백성을 더 영리하게 만들지 아니했다.
• 以智治國(이지치국) : 간교한 지혜로 나라를 다스리는 것은

65-2

이런 두 가지 경우를 명심하면
두루 통하는 본보기가 될 것이다
정치의 법도를 알고 지켜나가면
그것을 현덕이라 한다

현덕은 신비한 덕이니
깊고도 아득한 것이다
만물과 함께 태초로 되돌아가
도에 잘 순응함이 된다

현덕은 심오하고 원대한 것이다
속세와는 반대되고
만물과 더불어 복귀하니
그것이 도에 크게 합함이다

知此兩者亦稽式　常知稽式　是謂玄德　玄德深矣
지차양자역계식　상지계식　시위현덕　현덕심의
遠矣　與物反矣　然後乃至大順
원의　여물반의　연후내지대순

- 知此兩者(지차양자) : 이 두 가지를 잘 알고
- 遠矣(원의) : 원대하고 아득하다.
- 大順(대순) : 크게 합일된다. 완벽하게 순응한다.

66-1

강과 바다가 모든 샘의
왕이 될 수 있는 까닭은
자신을 낮추어 모든 골짝 물을
다 받아들이기 때문이다

그래서 강과 바다는 엄연히
모든 샘의 왕이 될 수 있는 것이다
성인은 백성의 위에 오르려고
더 공손하게 자신을 낮추고 있다

백성들 앞에 서고자 하여
늘 백성의 뒷자리를 잡는다
성인은 잘 알고 있는 진리가
바로 이것이다

江海所以能爲百谷王者　以其善下之　故能爲百谷王　是以聖人欲上民
강해소이능위백곡왕자　이기선하지　고능위백곡왕　시이성인욕상민
必以言下之　欲先民　必以身後之
필이언하지　욕선민　필이신후지

• 善下之(선하지) : 낮아지기를 기쁘게 여기다.

66-2

그러니까 성인이 백성 위에 군림해도
백성이 짐스러워 하지 않았고
성인이 백성 앞에 나와 있어도
백성이 방해 받는다고 여기지 않았다

그래서 천하가 그를 기꺼이 떠받들었고
조금도 그를 싫어하지 않았다
성인은 다투지 않기 때문에
천하에 그 누구도 그와 다투려 하지 않았다

성인은 백성으로부터 추대를 받았고
스스로 잘난 체 하지 않았다
경쟁하지 않으니 그를 해롭게 할
하등의 이유가 없었다

是以聖人處上而民不重　處前而民不害 是以天下樂推而不厭
시이성인처상이민부중　처전이민불해 시이천하락추이불염
以其不爭　故天下莫能與之爭
이기부쟁　고천하막능여지쟁

- 不重(부중) : 짐스러워 하지 않았다.
- 不厭(불염) : 싫어하지 않았다.
- 不爭(부쟁) : 다투지 않는다.

67-1

세상 모든 이들이
내 도가 너무 커서
불초하지 않느냐 하지만
정말이지 도가 너무 커서 그런 것이다

도가 만약 불초한 것이었다면
도는 이미 오랜 옛날에
보잘 것 없는 것이 되고 말았을 것이다
크고 작은 것은 인식의 문제일 뿐이다

노자는 도가 크고 작은 것
그런 것이 아니라 오로지
믿고 안 믿는 문제로 본 것이다
도는 진정 위대한 것이다

天下皆謂我道大　似不肖　夫唯大　故似不肖　若肖久矣其細也夫
천하개위아도대　사불초　부유대　고사불초　약초구의기세야부

• 似不肖(사불초) : 불초한 것 같다. 사실은 불초한 것이 아니다.
• 其細(기세) : 작은 것이다.

67-2

내게는 세 가지 보배가 있다
언제 어디서나 나는 지니고 있다
첫째는 자애심이다
사랑하는 마음이다

둘째는 검소함이다
아끼고 절약하는 것이다
셋째는 사람들 앞에서는
감히 나서지 않는다는 것이다

자애심은 내게 용감할 수 있게 하고
검소함은 널리 배울 수 있게 했다
겸허한 마음은 나를
모든 사람의 으뜸이 되게 했다

我有三寶 持而保之 一日慈 二日儉 三日不敢爲天下先 慈故能勇
아유삼보　지이보지　일왈자　이왈검　삼왈불감위천하선　자고능용
儉故能廣 不敢爲天下先 故能成器長
검고능광　불감위천하선　고능성기장

• 持而(지이) : 늘 지니고 있다.
• 不敢(불감) : 앞에 나서지 않는다.

67-3

오늘날 인간들은
자애심을 버리고 용맹을 좋아하고
검소함을 버리고 낭비를 즐긴다
겸허함까지 버리고 나서기만 좋아한다

그런 결과로 끝내는 죽고 만다
자애심을 가지고 싸우면 이기고
자애심을 지키면 튼튼하게 되며
자애심을 지니면 하늘도 구해준다

세상을 이기는 길이 여러 가지나
사랑으로 이겨야 완전히
그리고 뒤탈 없이 이긴다
사랑은 완전 승리를 준다

今舍慈且勇 舍儉且廣 舍後且先 死矣 夫慈以戰則勝 以守則固
금사자차용   사검차광   사후차선   사의   부자이전즉승   이수즉고
天將救之 以慈衛之
천장구지   이자위지

• 今舍慈(금사자) : 오늘 자애심을 버리고
• 以慈衛之(이자위지) : 자애심 가지고 지켜주다.

68-1

훌륭한 무사는 힘자랑 하지 않고
진짜 잘 싸우는 이는
성난 기색 보이지 않는 법이다
싸움에도 이런 법이 있는 것이다

적을 잘 이기는 사람은
함부로 싸우지 않는다
사람을 잘 쓰는 사람은
자신을 그 사람 아래에 둔다

참 이기는 방법도 여러 가지지만
저마다 자기 생각과 방법이 있어
자신을 단련시켜 온 것이다
그것이 그 사람의 장점인 것이다

善爲士者不武 善戰者不怒 善勝敵者不與 善用人者爲之下
선위사자불무   선전자불노   선승적자불여   선용인자위지하

• 不武(불무) : 무술을 안 보인다.
• 不怒(불노) : 노여움을 보이지 않는다.
• 不與(불여) : 함부로 싸우지 않는다.

68-2

이런 경우를 일컬어
다투지 않는 덕이라 한다
또 이를 가리켜
사람 잘 쓰는 힘이라 한다

이를 두고 하늘과 짝하여
가장 잘 맞는 사이라 하고
세상을 잘 아는 달관하는 사람으로
세상을 반드시 이기는 사람이 된다

하늘과 가장 잘 어울리는
짝이 되는 사람인데
무슨 일을 못하며
어디든지 이기지 못할까!

是謂不爭之德　是謂用人之力　是謂配天古之極
시위부쟁지덕　시위용인지력　시위배천고지극

• 不爭(부쟁) : 싸우지 않는다.
• 配天(배천) : 하늘과 짝이 되다.

69-1

병법에 이런 말이 있었다
싸움을 먼저 거는 자가 되지 말고
부득이하게 어쩔 수 없이 맞서는
방어자가 되어라

한 치라도 진격하지 말고
한 자쯤 물러나거라
이런 경우를 전진 없는
전진을 한다는 것이다

팔을 걷어 올리는 일이 없었으니
적이 없는 것 같다 하고
쓰지 않으니 무기를 잡아도
잡지 않는 것 같다고 한다

用兵有言 吾不敢爲主而爲客 不敢進寸而退尺 是謂行無行 攘無臂
용병유언 오불감위주이위객 불감진촌이퇴척 시위행무행 양무비
扔無敵 執無兵
잉무적 집무병

- 不敢進寸(불감진촌) : 한 치 전진도 없이
- 而退尺(이퇴척) : 한 자나 후퇴한다.

적군을 업신여기는 것보다
더 큰 화가 없는 것이다
적군을 업신여기면
자신의 보배를 거의 다 잃게 된다

그러므로 무기 들고 맞붙어
목숨 걸고 싸울 때는
전쟁을 슬프게 여기는 자가
반드시 이기게 마련이다

전쟁은 힘껏 싸우면
내가 이기게 되고
싸우는 척하면 반드시
내가 지고 마는 법이다

禍莫大於輕敵　輕敵幾喪吾寶　故抗兵相加　哀者勝矣
화막대어경적　경적기상오보　고항병상가　애자승의

• 輕敵(경적) : 적을 업신여긴다.
• 抗兵相加(항병상가) : 병기 들고 맞붙어 싸우는 것

70-1

내가 하는 말은
지극히 알기 쉽고
또 실천하기도 쉽다
그런데도 다들 외면한다

이 세상에는 이해해 주는
사람도 더 있지마는
거의 다 몰라보고
실행하는 사람도 없구나!

그것은 도를 터득한 사람이
별로 없거나 좋아하지 않으니
받아들일 생각도 없고
더욱이 실천자는 없구나!

吾言甚易知　甚易行　天下莫能知　莫能行
오언심이지　심이행　천하막능지　막능행

- 甚易知(심이지) : 지극히 알기 쉽다.
- 莫能知(막능지) : 능히 아는 이가 없다.

70-2

말에도 근본(道)이 있고
일에도 주재자(道)가 있는 것이다
대개 사람들이
그 사실을 모르고 있구나!

그러니 도를 터득한
나를 누가 알아주기나 하겠는가!
사람은 누구나 자기 한계 속에
갇혀 있는 법이다

도(道)가 있음을 알고
도가 세상을 주재함도 알면
도에 의존하지 않을 수가 없다
도는 사람에게 가장 유익한 것이다

言有宗　事有君　夫唯無知　是以不我知
언유종　사유군　부유무지　시이불아지

• 有宗(유종) : 뿌리가 있다. 근원이 있다.
• 不我知(불아지) : 나를 알지 못 한다.

70-3

나를 아는 사람이 이토록
없으니, 내가 진정
귀한 존재이던가?
아니면 아무것도 아니던가?

성인은 거친 베옷을 입고
속에는 옥구슬을 품고 있구나!
사람을 겉만 봐서는
그 진실을 알 수 없는 것이다

나를 아는 사람이 없다는 것은
도를 따르는 이가 없다는 것이다
도는 세상을 위해서 필요한 것인데
그 중요성을 깨닫지 못하는 것이다

知我者希　則我者貴　是以聖人被褐懷玉
지아자희　즉아자귀　시이성인피갈회옥

- 希(희) : 드물다. 거의 없다.
- 被褐(피갈) : 겉옷은 베옷을 입었다.
- 懷玉(회옥) : 옥구슬을 품고 있다.

71-1

알면서도 모른다 함이
가장 으뜸가는 것이다
모르면서도 안다 함이
가장 큰 병통인 것이다

사실 이 병통을 가리켜
병이라 안다는 것은
이미 그는 그 병이 든
사람이 아닌 것이다

세상에는 알면서
모르는 체 하는 사람보다는
모르면서 아는 체 하는 사람이
훨씬 더 많은 편이다

知不知上　不知知病
지부지상　부지지병

• 知不知(지부지) : 알면서도 모른 체 한다.
• 不知知(부지지) : 모르면서도 아는 체 한다.

71-2

성인은 이런 병통이
없는 사람이다
그런 병을 병으로 알기 때문에
실제는 병폐가 없는 것이다

알면서 모르는 체 하는
그런 병은 병폐가 별로 없지만
모르면서 아는 체 하는
그런 병폐는 심한 것이다

세상의 거짓된 일들은
다 이런 병폐가 준 것이고
사람들의 불행의 씨앗도
다 이런 병폐 때문인 것이다

聖人不病 以其病病 夫唯病病 是以不病
성인불병   이기병병   부유병병   시이불병

• 不病(불병) : 병폐가 없다.
• 病病(병병) : 병을 병으로 알고 있다.

72-1

백성이 벼슬아치들의
위압을 두려워하지 않는 것은
오히려 그것으로 해서
큰 위험이 닥치는 것이다

백성이 벼슬아치들의
행패를 무시해 버리면
그들은 더 악하게
행패를 부릴 수 있기 때문이다

벼슬아치가 그 고을의
어른이니 더욱 친근해야 하는데
백성은 무관심하게 지내나가
병폐를 당하는 경우가 많다

民不畏威 則大威至
민불외위 즉대위지

• 不畏(불외) : 겁내지 않는다.
• 威至(위지) : 위험이 닥친다.

72-2

백성이 사는 데나
행동을 압박하는 일이
없도록 해야 한다
자유롭게 살게 해야 한다

백성의 생업을 압박하는
일이 없도록 해야 한다
백성을 압박하지 않으면
벼슬아치를 미워하지 않는다

다스리는 자는 백성을 사랑하고
백성은 다스리는 자를
잘 따르면 법이 그냥 있고
법에 걸리는 백성이 없을 것이다

無狎其所居　無厭其所生　夫唯不厭
무압기소거　무염기소생　부유불염

- 無狎(무압) : 압박하는 일이 없다.
- 所居(소거) : 살아가는 곳(집), 가정
- 不厭(불염) : 미워하지 않는다.

72-3

그런 고로 성인은 스스로 알지만
나타내 보이지 아니하고
스스로 사랑하면서도
자신을 귀하게 여기지 않는다

성인은 그래서 위압을 버리고
무위(無爲)의 정치를 펴고 있다
세상을 보다 살기 좋은 곳으로
만들려고 성인은 애쓰고 있다

도를 행하는 이는 누구든지
자기만을 위해 살지 않는다
백성이 평안하게 잘 살고
행복하기를 위해 땀을 흘린다

是以不厭　是以聖人　自知不自見　自愛不自貴　故去彼取此
시이불염　시이성인　자지부자견　자애부자귀　고거피취차

- 不厭(불염) : 싫어하지 않는다.
- 不自見(부자견) : 스스로 보이지 않는다.
- 去彼(거피) : 위압을 버린다. 껍데기를 버린다.

형벌 내릴 때 과하면 사람을 죽이고
집행에 과하지 않으면 사람을 살린다
이 두 가지 태도는 인간 중심으로 보면
잘했다고 할 수도 있다

때로는 이런 것이 잘못됐다고
할 수도 있는 것이다
그런데 하늘이 미워하는 바는
무엇인가? 잘하는가?

성인도 그것을 알기 어려워하고
미워하는 이가 누구인지
전혀 알 길이 없다
형벌 집행은 가장 신중히 해야 한다

勇於敢則殺　勇於不敢則活　此兩者或利或害　天之所惡
용어감즉살　용어불감즉활　차량자혹리혹해　천지소오
孰知其故　是以聖人猶難之
숙지기고　시이성인유난지

- 敢則殺(감즉살) : 과감하면 사람을 죽인다.
- 不敢則活(불감즉활) : 과감하지 않으면 사람을 살린다.
- 所惡(소오) : 미워하는 바

73-2

하늘의 도는 다투지 않아도
잘 이긴다
말 안 해도 잘 응하고
부르지 않아도 스스로 온다

명백한 의도를 드러내서
보이지 않으면서도
좋은 결과를 가져온다
도는 그만큼 잘 한다

하늘의 도는 스스로
잘해 나가는 힘이 있다
그만큼 능력이 있고
안정된 길을 지닌다

天之道　不爭而善勝　不言而善應　不召而自來　繟然而善謀
천지도　부쟁이선승　불언이선응　불소이자래　천연이선모

- 天之道(천지도) : 하나님의 말씀이다. 태초에 있던 그 도(말씀–로고스)이다.
- 繟然(천연) : 명백한 의도
- 善謀(선모) : 좋은 결과

73-3

하늘이 가지고 있는 법망은
넓고 넓어 성글대지만
놓쳐버리는 일은
상실되지 않았다

하늘은 아무것도 없는 것 같으나
촘촘히 자연의 법칙이 있어
모든 사물이 제자리로
제 길로 가고 있는 것이다

하늘과 땅의 원칙은
인간이 어떻게 하지 못한다
완벽한 법망은
만물을 잘 관리하고 있다

天網恢恢　疏而不失
천망회회　소이불실

• 天網(천망) : 하늘의 법망, 자연의 대법칙, 무위(無爲)의 법칙
• 恢恢(회회) : 크게 넓히다.
• 疏而(소이) : 거칠어지다, 성글대다

252

74-1

백성이 죽음을 다 겁내지 않으면
어떻게 백성에게 죽음을 들이대겠느냐?
혹시 백성이 죽음을 두려워하게 하고
범법자를 잡아다가 어찌 죽이랴!

사형에 처할 수 있다손 치더라도
어떻게 사람을 죽일 수 있으리오!
죽임은 하늘만이 할 수 있는 일이요
죽음을 가지고 공갈 칠 수는 없다

도를 아는 사람은 범죄해도
사람을 사형 시키지는 않는다
개과천선으로 새사람 만드는 것이
사람 다스리는 하늘의 뜻이다

民不畏死　奈何以死懼之　若使民常畏死而爲奇者　吾得執而殺之　孰敢
민불외사　나하이사구지　약사민상외사이위기자　오득집이살지　숙감

- 奈何以死(나하이사) : 어찌 죽이랴!
- 若使民常(약사민상) : 혹시 사람을 일부러 그렇게 한다면

74-2

하늘에는 항상 죽음을
다스리는 이가 계시다
그래서 필요하면
사람을 죽이기도 한다

무릇 하늘의 죽이는 이를
대신하여 사형을 집행한다는 것은
큰 목수를 대신하여
나무를 깎는 것이나 마찬가지다

큰 목수를 대신하여
나무를 깎는 자는
대개 그 손을 다치지 않는 일이
거의 없는 것이다

常有司殺者殺　夫代司殺者殺　是謂代大匠斲　夫代大匠斲者　希有不傷其手矣
상유사살자살　부대사살자살　시위대대장착　부대대장착자　희유불상기수의

- 常有(상유) : 항상 있다
- 夫代(부대) : 무릇 대신하여
- 代大匠(대대장) : 큰 목수를 대신하여

75-1

백성이 굶주리는 것은
통치자가 너무 많은 세금을
거두기 때문이라 할 수 있다
그래서 굶는 이가 많다

백성을 다스리기가 정말 어려운 것은
다스리는 자가 억지로 일을
꾸며내기 때문이라 할 수 있다
그래서 다스리기가 정말 어렵다

백성이 죽음을 가벼이 여기는 것은
다스리는 자가 저만 잘 살려고
애쓰기 때문이라 할 수 있다
그래서 백성이 죽음을 가벼이 여기게 된다

民之饑 以其上食税之多 是以饑 民之難治 以其上之有爲
민지기 이기상식세지다 시이기 민지난치 이기상지유위
是以難治 民之輕死 以其上求生之厚 是以輕死
시이난치 민지경사 이기상구생지후 시이경사

- 民之饑(민지기) : 백성이 굶주리다.
- 是以饑(시이기) : 그래서 굶는다.
- 上求生之厚(상구생지후) : 통치자가 저만 잘 살려고 하기 때문이다.

75-2

삶에 대하여 집착하지
않는 자가 오히려
자신의 몸을 소중히
여기는 자보다 더 현명하다

자기 삶보다 다른 목적을
더 중하게 여기거나
남을 더 귀히 여겨서
희생을 각오하는 사람이 있다

그런 이는 도를 아는 이요
생명의 존귀함도 알고
삶의 영광도 알지만
더 큰 목적을 위해 희생을 각오한다

夫唯無以生爲者　是賢於貴生
부유무이생위자　시현어귀생

- 夫唯(부유) : 무릇, 오로지
- 無以生(무이생) : 살고 싶지 않은, 생에 집착지 않는다.
- 貴生(귀생) : 삶의 소중함을

76-1

사람이 살았을 때는
부드럽고 연약하지만
죽은 뒤는 빳빳하게
굳어 버리게 된다

모든 동식물도 마찬가지로
살았을 때는 부드럽고 연하다
그러므로 억세고 굳어버린 것은
죽은 자의 무리일 뿐이다

부드럽고 연할 때
생명이 있고 피가 돌고
생기차고 의미가 있으니
산 자의 무리가 된다

人之生也柔弱　其死也堅强　萬物草木之生也柔脆　其死也枯槁
인지생야유약　기사야견강　만물초목지생야유취　기사야고고
故堅强者死之徒　柔弱者生之徒
고견강자사지도　유약자생지도

• 生也柔弱(생야유약) : 살아있을 때는 부드럽고 연하다.
• 死也堅强(사야견강) : 죽으면 딱딱하고 강하게 굳어 버린다.

76-2

그와 같이 군대가 너무 강하면

이기지 못하고

나무도 너무 굳으면

꺾이고 만다

강대한 것은

결국 밑에 깔려버리고

허약한 것은

결국 윗자리에 오르게 된다

지나치게 강하면

뎅강 부러지고

강한 것 속이 먼저

썩어가고 있다

是以兵强則不勝　木强則兵　强大處下　柔弱處上
시이병강즉불승　목강즉병　강대처하　유약처상

• 兵强則不勝(병강즉불승) : 군대가 너무 강하면 이기지 못한다.
• 柔弱處上(유약처상) : 유약한 것이 윗자리에 오른다.

77-1

하늘의 도는 마치 활시위를

매는 것과도 같구나!

높은 것은 콱 내리 누르고

낮은 것은 높게 해야 하니 말이다

남는 줄은 줄여놓고

모자라는 것은 더 보충해 준다

활이 활 노릇을 하려면

시위를 당길 줄이 탱탱해야 한다

활대를 잘 손질하여

굽히고 고정시킨다

거기에 시위 줄을 좋은 것으로

매어 당겨 묶어야 한다

天之道　其猶張弓與　高者抑之　下者擧之　有餘者損之　不足者補之

천지도　기유장궁여　고자억지　하자거지　유여자손지　부족자보지

• 張弓(장궁) : 활시위를 매다.

• 損之(손지) : 줄이고

77-2

하늘의 도는 남아도는 것을
덜어내고, 모자라는 건
더 채워 주어서
적절한 균형을 가진다

그런데 사람의 도(道)는
그렇지가 않으니
모자라는 것을 덜어서
남아도는 것을 보태준다

하늘의 도를 믿고
인간의 잔꾀를 버려야 한다
인위적으로 무엇이든지 하려면
하늘의 도는 버려지게 된다

天之道損有餘而補不足　人之道則不然　損不足以奉有餘
천지도손유여이보부족　인지도즉불연　손부족이봉유여

- 損有餘(손유여) : 남는 것은 덜어 낸다.
- 則不然(즉불연) : 그렇지가 않다.

77-3

어느 누가 감히
남아도는 것으로써
천하를 받들어 모시랴!
오직 도(道)를 간직할 뿐이구나!

하늘의 도리를 믿고
인간의 자기 꾀를 버리면
하늘의 도가 이끌어 주어
만사가 잘 된다

그러나 하늘의 도를 무시하고
인간이 자신의 생각대로
만사를 처리하면
하늘의 도는 버려지고 만다

孰能有餘以奉天下　唯有道者
숙능유여이봉천하　유유도자

• 有餘(유여) : 남아도는 것을 가지고
• 唯有道(유유도) : 오직 도를 터득하다.

77-4

그러므로 성인은 다 이루고도
자랑하지 아니하고
큰 공을 세우고도
높은 자리에 연연하지 않는다

성인은 자신의 현명함을
결코 드러내지 아니하고
나타내 보이려고 하지 않는다
그것이 그의 인격이다

성인의 모습은 꽃을 피우고도
꽃의 주인 노릇은 아니하고
집을 짓고도 그 집안을
차지하려 들지 아니한다

是以聖人爲而不恃　功成而不處　其不欲見賢
시이성인위이불시　공성이불처　기불욕견현

• 不處(불처) : 그 자리에, 성공한 위치
• 不欲(불욕) : 욕심내지 아니한다.

78-1

천하에 물보다 더 부드럽고
약한 것이 또 있을까?
그러나 굳이 강한 것을
치는 데는 물보다 뛰어난 게 없구나!

그러나 누가 이 물의 본성을
바꿀 수 있으리오!
물은 정말 도(道)에
가장 가까운 것이구나!

가장 허약한 것이
가장 강한 것을 뚫는구나
물이 바위를 뚫으니
진정 물이 더 세지 않으냐!

天下莫柔弱於水　而攻堅强者莫之能勝　以其無以易之
천하막유약어수　이공견강자막지능승　이기무이역지

• 柔弱於水(유약어수) : 부드럽고 약한 것이 물이구나!
• 無以易之(무이역지) : 바꿀만한 것이 없구나!

78-2

약한 것이 강한 것을 이긴다
부드러운 것이 딱딱한 것을
이긴다는 사실을
세상에 누가 알지 못하리오!

천하에 이것을 모를 사람이
아무도 없지 않을까!
다만 실천하는 사람이
없으니 어디에도 찾을 길이 없구나!

약하고 강하고는
비교급에 불과하다
그러나 도(道)는 견줄 데 없이
가장 강한 것이다

弱之勝强　柔之勝剛　天下莫不知　莫能行
약지승강　유지승강　천하막부지　막능행

- 弱之, 柔之(약지, 유지) : 약한 것, 부드러운 것
- 莫不知(막부지) : 모를 자가 없다.

78-3

성인은 이렇게 말씀하신다
나라의 부끄러움을 떠맡는
사람이 바로 사직의 주인이다
종묘사직을 지키는 분이시다

나라의 불행을 떠맡는 이가
바로 천하의 주인이 된다
실로 진리의 말씀은 마치
세상일과는 전혀 다르게 들린다

나라의 짐은 부끄러울 때도 있고
힘들 때도 있으며
목숨까지 내놓아야 할 때도 있다
그래도 주인될 이는 그것을 감당한다

是以聖人云　受國之垢　是謂社稷主　受國不祥　是謂天下王　正言若反
시이성인운　수국지구　시위사직주　수국불상　시위천하왕　정언약반

• 垢(구) : 더러움, 오욕, 부끄러움
• 正言若反(정언약반) : 진리의 말씀과는 정반대가 된다.

79-1

깊고 큰 원한은 잘 풀어준다 해도
반드시 그 응어리가 남게 마련이다
한 많은 사이가 된 뒤에
그 한을 풀어준다 해도 그렇다

어찌 더 할 수 없으니
한은 한번 맺히면
그 매듭이 오래 남는다
응어리진 것이 잘 풀리지 않는다

한이 생기지 않도록 살아야지
가슴에 못을 박는 한이
한번 생기면 그 자리는
오래도록 상처로 남는다

和大怨 必有餘怨 安可以爲善
화대원 필유여원 안가이위선

• 和大怨(화대원) : 깊은 원한을 풀어준다 해도
• 可以爲善(가이위선) : 잘했다 할 수 있으랴!

79-2

이런 까닭으로 해서 성인은
채권을 잡고 빚진 자를
독촉하지 않는 것이다
그렇게 다그치지 않는다

덕이 있는 사람은
채권을 강제집행 하지 않고
보류하여 둔다
그만큼 여유를 준다

그러나 덕이 없는 사람은
대개 현물로 남김없이
거두어들인다 했다
그만큼 각박한 것이다

是以聖人執左契　而不責於人　有德司契　無德司徹
시이성인집좌계　이불책어인　유덕사계　무덕사철

- 左契(좌계) : 채권
- 不責(불책) : 독촉하지 않는다.
- 司契(사계) : 채권 집행을 보류한다.

79-3

하늘의 도(道)는 사사로운 정은 없고
언제라도 선인(善人)의 편에
서는 것이 보통이다
하나님의 뜻이 그렇다

하나님의 말씀은 사람을 위해서
언제나 축복하는 자리에 있고
선한 사람으로 살기를
바라고 가르치신다

하늘의 도는 영원한 진리이고
영원히 변치 않으시니
진정 믿을 만한 가치가
충분히 있는 것이다

天道無親　常與善人
천도무친　상여선인

• 天道(천도) : 하나님의 뜻이다.
• 常與(상여) : 언제나 함께한다. 내 편이다.

80-1

내가 바라는 이상적인 나라는 이렇다

크기는 작고 인구도 적다

문명의 이기가 있을지라도

쓰지는 않도록 하겠다

백성은 저마다 자기 삶을 아끼고

멀리로 떠돌지 않게 하겠다

배도 있고 수레도 있지만

꼭 타고 다닐 필요가 없게 하겠다

무기가 있어도 쓸 까닭이 없게 하고

백성이 글을 안다 해도

새끼줄을 묶어 뜻을 나타내는

그런 방식으로 하겠다

小國寡民　使有什佰之器而不用　使民重死而不遠徙　雖有舟輿
소국과민　사유십백지기이불용　사민중사이불원사　수유주여

無所乘之　雖有甲兵　無所陳之　使民復結繩而用之
무소승지　수유갑병　무소진지　사민부결승이용지

- 不遠徙(불원사) : 멀리 이사 가지 않게 한다.
- 結繩(결승) : 새끼줄로 묶다.

80-2

백성으로 하여금 자기 음식이
가장 맛있다고 생각하도록 하겠다
자신이 입은 옷이
가장 아름답다고 생각하게 하겠다

자신이 살고 있는 마을이
가장 편안한 곳이라고 느끼게 하겠다
그래서 자신들의 삶이
가장 즐겁다고 느끼게 하겠다

이웃나라는 서로 바라보면서
닭 우는 소리, 개 짖는 소리를 들으며
백성이 늙어 죽을 때까지
서로 왕래하지 않도록 할 것이다

甘其食 美其服 安其居 樂其俗 隣國相望 鷄犬之聲相聞 民至老死不相往來
감기식 미기복 안기거 낙기속 인국상망 계견지성상문 민지로사불상왕래

• 其食, 其服, 其居, 其俗(기식, 기복, 기거, 기속) : 먹고, 입고, 살고, 즐기고
• 相聞(상문) : 서로 잘 듣고

81-1

믿을 만한 말은 겉으로
구태여 꾸미지를 않는다
꾸민 말은 믿을 게 못 된다
착한 사람은 언변이 안 좋다

그러니까 말 잘 하는 사람치고
착한 사람이 드물고
정말 박식한 사람은
사실 아는 게 많지 않다

잘 안다고 떠드는 사람치고
깊이 아는 사람은 없기 마련이다
정말 많이 아는 사람은
아는 체 안 하고 말 많이 안 하니까!

信言不美　美言不信　善者不辯　辯者不善　知者不博　博者不知
신언불미　미언불신　선자불변　변자불선　지자불박　박자부지

- 不美(불미) : 꾸미지 않는다.
- 不辯(불변) : 말을 잘 못한다.
- 不博(불박) : 박식하지 못하다.

81-2

성인은 쌓아 두지를 않는다
이미 가진 것도 남을 위해
아낌없이 쓰고 나누어 준다
그런데도 자기 것은 늘어난다

남을 위해서는 뭐든지 아끼지 않고
다 나누어 주고 함께 한다
그럼에도 불구하고
자기 것은 그전보다 많아진다

성인이 되면 사실 달라진다
네 것 내 것을 굳이 헤아리지 않고
서로가 다함께 하고 마음으로
공동체 정신이 생기는 것이다

聖人不積 旣以爲人 己愈有 旣以與人 己愈多
성인부적   기이위인   기유유   기이여인   기유다

• 旣以(기이) : 이미 가진 것도
• 己愈多(기유다) : 자기 것은 더 늘어난다.

81-3

하늘의 도(道)는 만물을
두루 이롭게 하면서도
전혀 해를 끼치지 않는다
도(道)는 남을 해롭게 하지 않는다

성인의 도(道)는 남에게 베풀기만 하고
남과 다투지를 않는다
도는 다툴 만한 아무런 거리를
전혀 갖지를 않기 때문이다

하늘의 도(道)는 하나님의 뜻이요
하나님의 축복의 말씀이다
그래서 언제나 사람을 위하고
살리는 것만이 그 사명이다

天之道 利而不害 聖人之道 爲而不爭
천지도 리이불해 성인지도 위이부쟁

- 不害(불해) : 해를 끼치지 않는다.
- 不爭(부쟁) : 다투지 않는다. 다툴 일이 전혀 없다.

273

시로 풀어쓴 **도덕경**

초판 인쇄	2016년 3월 5일
초판 발행	2016년 3월 10일

지은이	노자
엮은이	전재동
펴낸이	박찬후
기획	성기덕
편집	배현정
디자인	노은주
펴낸곳	북허브
등록일	2008. 9. 1

주소	서울시 구로구 구로중앙로 27다길 16
전화	02-3281-2778
팩스	02-3281-2768
e-mail	book_herb@naver.com
까페	http//cafe.naver.com/book_herb

*잘못된 책은 구입하신 서점에서 교환하여 드립니다.

값 14,000원
ISBN 978-89-94938-26-4(03140)